ANATOMIA DE UMA OPERAÇÃO DE VENDA DIRETA

Marcelo Alves

www.malves.biz

Copyright©2020 Marcelo Alves de Oliveira
Todos os direitos reservados.

Nenhuma parte deste livro pode ser reproduzida ou armazenada em um sistema de recuperação ou transmitida de qualquer forma ou por qualquer meio, eletrônico, mecânico, fotocópia, gravação ou outro, sem a permissão expressa por escrito do autor/editor.

Ilustrações e ícones utilizaram imagens das seguintes fontes:
- Envato Elements: https://elements.envato.com/pt-br/
(Kerismaker / Creativevip / Urnhambox / Vintagio / Tanahairstudio/ Jumsoft / Graphicgoods / Switzergirl /
Justico/ KMGdeignidl Iconbunny)
-The Noun Project (ver página de Créditos no final do livro): https://thenounproject.com/
- Freepik: https://www.freepikcompany.com/

Capa: Marcelo Alves/ https://www.canva.com
Paperback gerado na plataforma Kindle Publishing a partir do e-Book

Dados Internacionais de Catalogação na Publicação (CIP)
(Câmara Brasileira do Livro, SP, Brasil)

> Alves, Marcelo
> Anatomia de uma operação de venda direta [livro eletrônico]: entenda os fundamentos necessários para ingressar nesse segmento bilionário / Marcelo Alves. -- 1. ed. -- Barueri, SP : Marcelo Alves de Oliveira, 2020.
>
> Paperback ISBN: 9798552404070
>
> 1. Vendas 2. Venda direta I. Título.
>
> 20-46320   CDD-658.85   *(e-Book ISBN 978-65-00-10349-6)*

Índices para catálogo sistemático:

1. Vendas : Competência : Administração de empresas 658.85

Aline Graziele Benitez - Bibliotecária - CRB-1/3129

ANATOMIA DE UMA OPERAÇÃO DE VENDA DIRETA

A Venda Direta é o processo comercial que até meados dos anos 1990 ainda carregava fortemente o tratamento de "venda porta-a-porta", o que não faz mais sentido devido a mudanças no comportamento de clientes e do próprio canal, e pelas transformações trazidas ao processo pela tecnologia e a internet.

Hoje, definitivamente, a Venda Direta deve ser entendida pelos interessados em seu enorme potencial de negócios, como uma atividade de forte impacto social. Essa realidade ficou ainda mais evidente a partir da pandemia do COVID -19, que afetou negativamente muitos segmentos, e decorreu em cenário de crise no emprego, na renda e na atividade econômica como um todo. No Brasil, o volume de negócios cresceu mais de 40% entre as décadas de 2010 e 2020, saltando de R$32 bilhões em 2010 para o patamar de R$45 bilhões, graças ao trabalho de um exército de 4 milhões de empreendedores autônomos, universo no qual cerca de ¼ tem na Venda Direta sua principal fonte de renda.

Assim, é importante entender como a adoção do canal de Venda Direta para um negócio pode não apenas agregar um processo relevante para sua operação comercial, mas também o papel social que o seu negócio passa a incorporar, ao manter viva a oportunidade de trabalho e geração de renda, diante dos novos desafios sociais e econômicos que estamos vivendo.

Não somente no Brasil, mas também globalmente, é um processo comercial sofisticado e altamente versátil, que continua relevante e robusto ao longo de mais de um século de existência, reinventando-se para manter-se como um modelo de negócios atual, atraente e rentável nos mais diversos cenários econômicos e em países com as mais diferentes características sociais. E foi essa vitalidade que me levou a analisá-la como um organismo vivo.

Sua solidez, à revelia de todas as crises pelas quais o país (e o mundo) passou ao longo dos mais de 100 anos de existência, vem mantendo viva e crescente a curiosidade e o interesse de empreendedores por este canal - seja para criar uma operação específica dentro do segmento ou, como vem acontecendo nos últimos 20 anos, para incorporar o canal de Venda Direta em um contexto de multicanal idade de uma operação nova ou já existente.

E o melhor caminho para fazer esse movimento de forma segura é a contratação de uma consultoria especializada. Porém, uma boa parte dos processos de consultoria é consumida pela necessidade de "imersão" dos clientes nos rudimentos ou conceitos básicos necessários ao entendimento das várias peculiaridades da Venda Direta, para que seja possível evoluir de forma mais consistente nos projetos em si. Face a essa constatação, e testemunhando uma impressão inicial recorrente de muitos dos empreendedores - de que a Venda Direta é um movimento que mobiliza "sacoleiras" para revender produtos na informalidade - refleti sobre a similaridade com a complexidade de um organismo, e como a melhor maneira de entender um organismo é a partir do entendimento de sua anatomia, e a forma como cada órgão contribui para seu funcionamento em sinergia.

Assim nasceu este livro - sua proposta não é ser um compêndio profundo e extenso sobre a Venda Direta, e sim um guia objetivo e o mais simples possível para ajudar os interessados nesse segmento a compreender melhor os fundamentos estruturais desse processo comercial, que é rico e sofisticado em sua "simplicidade". Muito do precioso processo de consultoria a empreendedores interessados na Venda Direta é consumido no esclarecimento de aspectos básicos, que agora podem ser melhor conhecidos na leitura desse livro.

Foi com esse intuito que criei a analogia entre os princípios básicos de um negócio de Venda Direta e a anatomia de um organismo humano - e também para desfazer a ilusão de que esse "organismo vivo" depende unicamente de um "órgão", que para muitos seria o canal de empreendedores autônomos. Para entender e respeitar sua complexidade, devemos compreender que é um processo comercial que depende de várias áreas e subprocessos trabalhando de forma integrada, em simbiose, como ocorre entre os diversos órgãos de nosso corpo. É essa analogia que teremos nas próximas páginas. Espero que sirva para iniciar os curiosos, e como uma referência para quem deseja contratar uma Consultoria, aprofundando-se nos detalhes inerentes a cada tópico.

Uma importante dica, para todos que lerem este livro: assimilem os princípios e conceitos aqui apresentados, para então poder esclarecer dúvidas, ampliar o entendimento e aprofundar o conhecimento dos detalhes contatando uma consultoria especializada. Assim, você conseguirá abordar os fundamentos da Venda Direta quase de igual para igual com um especialista, ganhando tempo e economizando no processo de entender ao menos as bases, das quais podem surgir então suas principais ideias para incorporar a Venda Direta na estratégia de canalidade de seu negócio.

Lembrando do principal conceito e propósito que deve prevalecer quando falamos de um CANAL, seja ele qual for: todo canal existe por um único motivo: o CLIENTE - o que, em outras palavras, Peter Drucker já havia registrado em seu livro *"The Practice of Management"*, de 1954: "Só existe uma definição válida de negócio: criar um cliente".

E, mais do que ter foco NO cliente, também as empresas de Venda Direta precisam ter o foco DO cliente, absorver o conceito de visão 360º em seu negócio, de maneira a olhar o cliente não mais sob o ponto de vista da sua empresa, mas sim orientar a empresa e definir como mobilizar seu canal pelo ponto de vista do cliente. Tudo que será apresentado nos próximos 10 capítulos, deve ser objeto de atenção não para que as empresas se percam em "loops" de gestão das regras de seus modelos e estruturas comerciais, tonando-se "ensimesmadas"- mas sim para que arejem seus processos e cumpram um único propósito: criar uma operação de Venda Direta que exceda as expectativas do cliente, criando e nutrindo um canal que trabalha com excelência, eficiência, conveniência e vantagens crescentes - o que as empresas melhor posicionadas no segmento de Venda Direta vêm fazendo de maneira impecável há décadas, e que se reflete nos frutos de sucesso que continuam colhendo ainda agora, na era do *"social commerce"* em que estamos, de absoluto empoderamento do cliente.

MARCELO ALVES

ANATOMIA DE UMA OPERAÇÃO DE VENDA DIRETA

DEDICATÓRIA

Dedico este livro às pessoas especiais que me deram condição de materializar essa ideia, maturada ao longo de quase dez anos: Minha família, pela paciência, apoio e cumplicidade (Gislene, André, Victor e Marcela);

Aos empregadores, gestores, colegas e amigos verdadeiros do segmento de Venda Direta, que me deram oportunidade e sempre compartilharam conhecimento: Marcelo Pinheiro, Braz Cid Pereira, Rui Adriano, Alessandro Carlucci, Mauro Mello, Julio Nogueira, Sidney Garcia, José Elias Filho, Luiz Seabra, Guilherme Leal, Pedro Passos, Roberto Clemps, Monica Ogando, Cris Gomes, Jefferson Molla, Marco Ferreira, Roberto Silvestre, Wolsey Burigatto, Rosângela Brandão, Alexandre Coelho, Letícia Rodrigues, JoseaneTostes, Sergio Buaiz, Simone Santos, Barbara Capone, Danillo Costa, Katia Nuno e Diego Siqueira;

A todas as Promotoras de Venda das gerências de venda direta nas quais trabalhei, profissionais competentes, comprometidas, incansáveis, criativas e empoderadas; mulheres que me transmitiram na prática os ensinamentos mais valiosos do trabalho de campo da Venda Direta, conhecimento que nenhuma faculdade do mundo tem disponível para ensinar;

Aos amigos de longa data que não trabalham no segmento, mas sempre apoiaram e incentivaram com sua presença e suporte preciosos: Marcelo Ferraretto, Delfin Rolan, Andrea Nery, Junior Thonon, Mauro Ferraretto, Rodolfo Xavier, Maria Alice Guedes, Aloisio Alves de Oliveira, Marcos Flávio Antoniazzi e Ricardo Murer;

E às pessoas que são minha inspiração maior, pelo exemplo de luta, resiliência, incentivo e respeito pelo estudo e pela leitura: meus pais, Maria Tereza e Nelson Sergio.

Obrigado por tantas lições boas, família e amigos!

ANATOMIA DE UMA OPERAÇÃO DE VENDA DIRETA

ANATOMIA DE UMA OPERAÇÃO DE VENDA DIRETA

Marcelo Alves

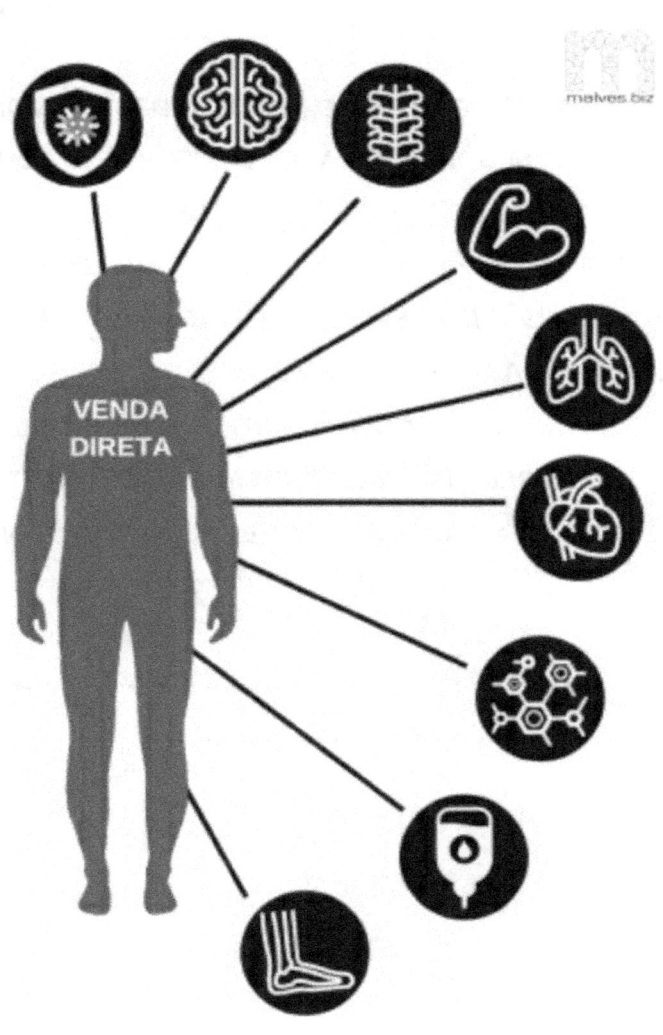

ÍNDICE

DEDICATÓRIA 7

INTRODUÇÃO: ORGANISMO VIVO, ÓRGÃOS EM SINERGIA 13

CAPÍTULO 1: O SISTEMA IMUNOLÓGICO DO NEGÓCIO (CADEIA DE VALOR) 25

CAPÍTULO 2: O CÉREBRO DO NEGÓCIO (MODELO DE VENDA DIRETA). 31

CAPÍTULO 3: A ESPINHA DORSAL DO NEGÓCIO (FORÇA DE VENDAS) .. 55

CAPÍTULO 4: OS MÚSCULOS DO NEGÓCIO (MARKETING) 61

CAPÍTULO 5: OS PULMÕES DO NEGÓCIO (CANAL DE REVENDEDORES) 69

CAPÍTULO 6: O CORAÇÃO DO NEGÓCIO (REGRAS DE REMUNERAÇÃO) 79

CAPÍTULO 7: O SISTEMA NEUROLÓGICO DO NEGÓCIO (TI/SISTEMAS). 87

CAPÍTULO 8: O SANGUE DO NEGÓCIO (PORTFÓLIO DE PRODUTOS) .. 103

CAPÍTULO 9: OS MEMBROS INFERIORES DO NEGÓCIO (LOGÍSTICA) .. 113

CAPÍTULO 10: OS SUPLEMENTOS E PRÓTESES DO NEGÓCIO (INTERNET E FERRAMENTAS DIGITAIS) 121

GLOSSÁRIO DA VENDA DIRETA 139

SOBRE O AUTOR 149

CRÉDITOS 151

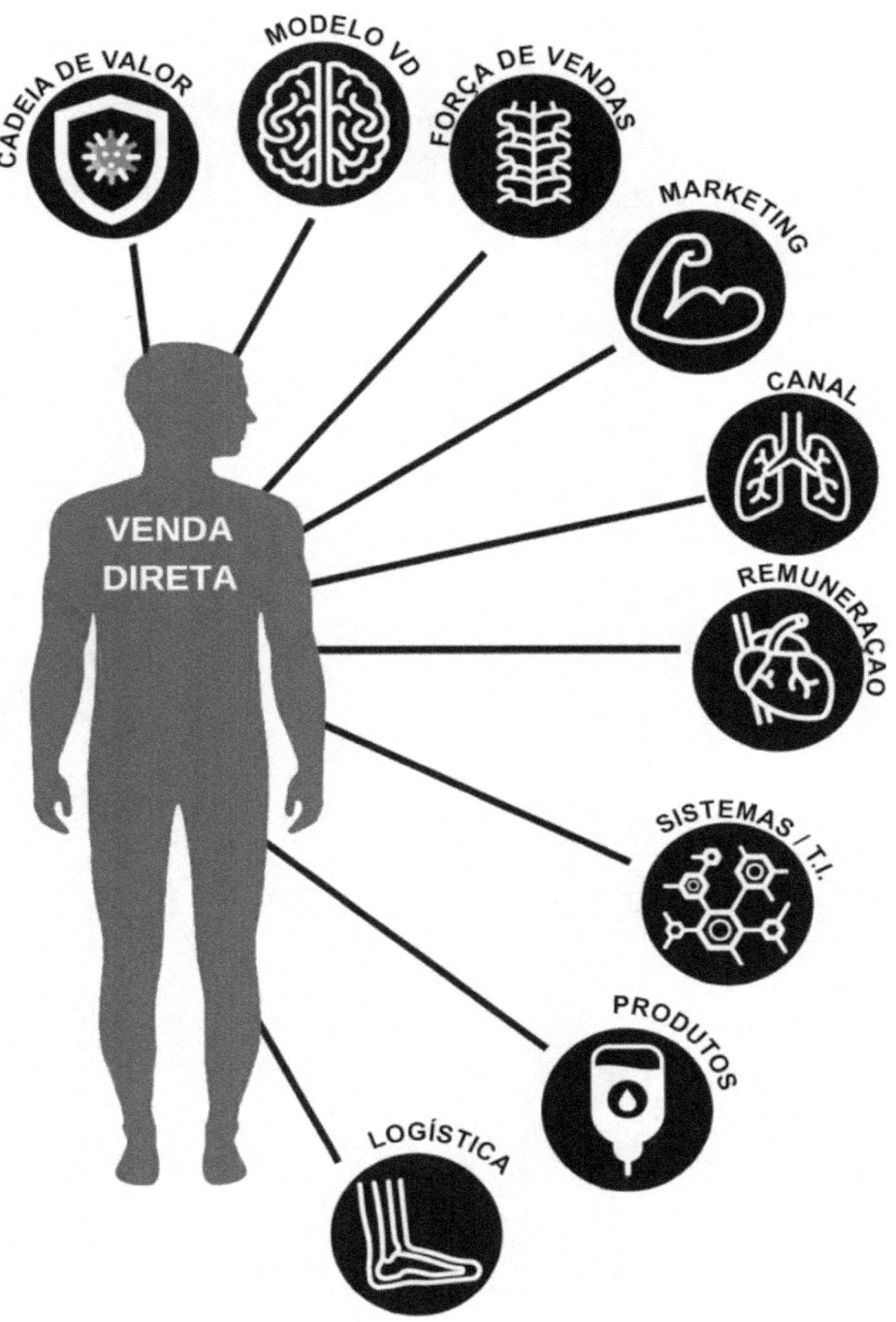

ANATOMIA DE UMA OPERAÇÃO DE VENDA DIRETA

INTRODUÇÃO: ORGANISMO VIVO, ÓRGÃOS EM SINERGIA

Segundo a ABEVD (Associação Brasileira das Empresas de Venda Direta - www.abevd.org.br), a Venda Direta é um modelo de negócios utilizado tanto pelas grandes marcas como por pequenas empresas, para vender seus produtos e serviços diretamente aos consumidores finais, sem a necessidade de um estabelecimento comercial fixo e eliminando, assim, uma cadeia de intermediários e de custos.

Neste processo de comercialização, que durante muitos anos foi chamado de "porta-a-porta", o contato entre a empresa e os potenciais clientes é feito por meio de empreendedores independentes, que são chamados de revendedores, consultores, distribuidores ou agentes, entre outras denominações. Entre 2019 e 2020, o termo "Empreendedor" ganhou força, para referir-se de forma mais ampla aos profissionais autônomos que compõem o canal do segmento, e que em geral são conhecidos como revendedores ou consultores(as).

No Capítulo 2, dedicado aos Modelos de venda direta, quando os comparamos ao cérebro do organismo vivo, serão apresentadas as diferentes maneiras de comercializar os produtos, na forma como o canal posiciona-se entre a empresa fornecedora do produto e o consumidor final desse produto.

É uma modalidade que tem REGRAS TRIBUTÁRIAS próprias, condizentes com os diferentes modelos adotados pelas empresas do segmento, e regras de relacionamento entre a empresa e esse canal 100% AUTÔNOMO, para mitigar qualquer risco de vínculo trabalhista. Nesse contexto relacionado à legislação, cabe citar os eminentes advogados especializados, Dr. José Rubens V. Scharlack e Dr. Gabriel Burjaili de Oliveira, em sua obra "Vendas Diretas – Conceitos Jurídicos":

"No modelo tradicional de venda direta, há, portanto, dois negócios

jurídicos de compra e venda: uma compra do produto junto ao fornecedor/empresa, após a qual o produto passa a ser propriedade do operador. E um segundo negócio jurídico, pelo qual o operador vende o produto ao consumidor final, o qual passa, então, a ser o dono do produto.

A legislação tributária acompanha esses acontecimentos para tributar adequadamente cada fenômeno de transmissão da propriedade do produto na forma de circulação de uma mercadoria, incidindo, então, sobre as transações o Imposto sobre Circulação de Mercadorias e Serviços (ICMS)."

Scharlack e Burjaili ressaltam em seu livro as implicações não apenas tributárias incidentes no âmbito fiscal, mas também trabalhistas inerentes a esta forma de comercialização. Seu livro "Vendas Diretas - Conceitos jurídicos" (Trevisan Editora) é leitura recomendadíssima para mitigar mitos e equívocos comuns na interpretação da informalidade inerente à Venda Direta, e evitar incorrer na sonegação, ou na adoção de normas fiscais e legais conflitantes com o negócio da empresa, principal mente por desconhecimento das complexidades desse modelo de comercialização.

Portanto, cientes do impacto social desta atividade, as empresas que desejam atuar na Venda Direta, seja como seu canal único ou incorporando os empreendedores autônomos como parte de sua estratégia *omnichannel* - como é a grande tendência do século XXI - devem estar preparadas, aderindo ao devido Regime Especial das operações de venda direta, relacionado à aplicação das regras de Substituição Tributária e antecipação de recolhimento de impostos vinculada a este sistema de venda, para que sua operação nasça em conformidade com essas condições.

Um organismo funciona plenamente e conforme sua natureza, quando seus principais órgãos trabalham em sinergia. Comparar a operação de Venda Direta a um organismo e destacar seus processos-chave como a anatomia desse organismo é uma forma metafórica de ressaltar que um organismo tem uma estrutura-padrão, que não pode ser distorcida ou subentendida. Um organismo não pode estar vivo sem coração, ou mover-se sem músculos, assim como a colocação de uma prótese ou a manipulação genética que incorpora ou altera sua constituição não pode descaracterizar sua natureza original de organismo.

Reforçando então o conceito de "venda direta" disseminado pela ABEVD, essa forma de comercialização difere do varejo tradicional (ver próximo diagrama), e também deve ser res peitada em suas peculiaridades. Destaco a importância de associar-se à ABEVD e conhecer o Código de Ética que rege a atividade dentro do segmento (https:// www.abevd.org.br/codigo-de-etica/).

Esse zelo contribuirá para que a Venda Direta não seja descaracterizada ou entendida de forma distorcida, e muito menos devido ao uso de recursos como a internet, o email marketing, o marketing digital, as mídias e redes sociais - que são ferramentas que podem alavancar ou agilizar os processos dentro de uma operação de Venda Direta, como veremos no Capítulo 10 - mas jamais transformam-se na própria Venda Direta, como exemplificado no diagrama "O que NÃO é Venda Direta".

ANATOMIA DE UMA OPERAÇÃO DE VENDA DIRETA

ANATOMIA DE UMA OPERAÇÃO DE VENDA DIRETA

A Venda Direta é uma evolução do processo convencional adotado nas operações de varejo, nas quais a Empresa faz propaganda para atrair os clientes até o seu produto

Varejo convencional

ANATOMIA DE UMA OPERAÇÃO DE VENDA DIRETA

ANATOMIA DE UMA OPERAÇÃO DE VENDA DIRETA

A Empresa que adota a Venda Direta opta pelo processo de atrair e criar um Canal, baseado em pessoas que compram os produtos da Empresa e os revendem ou indicam para seus clientes e para sua rede de relações

ANATOMIA DE UMA OPERAÇÃO DE VENDA DIRETA

ANATOMIA DE UMA OPERAÇÃO DE VENDA DIRETA

O que NÃO É Venda Direta...

JUNTAR INFORMALMENTE UM GRUPO DE "SACOLEIRAS"...
ESTRATÉGIA "ACÉFALA"

VENDA POR "CONSIGNAÇÃO"...
ESTRATÉGIA "FORDIANA" - SEM HIERARQUIA

MARKETING DIRETO...
MALA DIRETA NÃO É VENDA DIRETA

PROGRAMA DE AFILIADOS...
CONSUMIDOR NÃO É CANAL

ANATOMIA DE UMA OPERAÇÃO DE VENDA DIRETA

ANATOMIA DE UMA OPERAÇÃO DE VENDA DIRETA

A evolução

Na era das Redes Sociais e em um cenário onde a tecnologia, os dispositivos móveis e a internet estão ao alcance de todos, a Venda Direta tem se desdobrado em novas formas de realizar esse fluxo envolvendo a empresa, o canal e os consumidores dos produtos, como veremos no Capítulo 10.

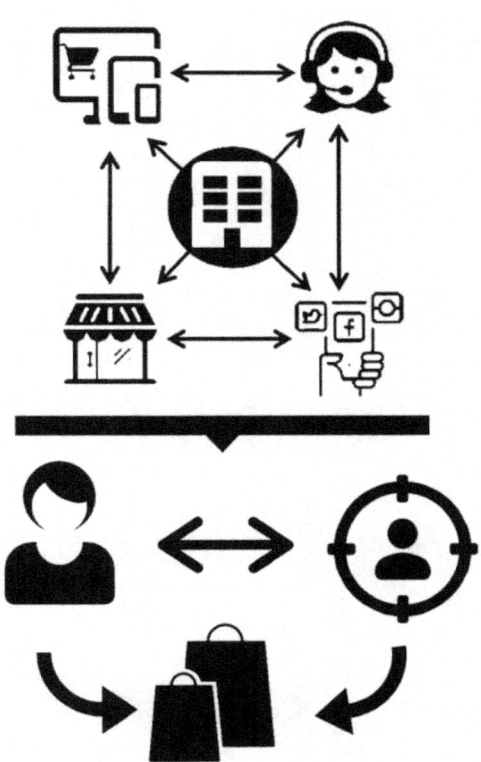

ANATOMIA DE UMA OPERAÇÃO DE VENDA DIRETA

CAPÍTULO 1: O SISTEMA IMUNOLÓGICO DO NEGÓCIO (CADEIA DE VALOR)

Cadeia de Valor

- Viabilidade jurídica, tributária e trabalhista
- Rentabilidade:
  - Custos
    - TERCEIRISTA OU PRODUÇÃO
    - CUSTOS FIXOS
    - STAFF
    - MARKETING
    - REMUNERAÇÃO FV
    - REMUNERAÇÃO CANAL

  X

  - Valor de venda

ANATOMIA DE UMA OPERAÇÃO DE VENDA DIRETA

O objetivo deste capítulo não é ensinar a fazer o cálculo da cadeia de valor, até por não ser uma característica exclusiva de operações de venda direta. Estabelecer a estrutura de cadeia de valor deve ser um exercício mandatário para todo e qualquer segmento de negócios, sendo que toda empresa pode (e deve) calcular sua própria cadeia de valor, considerando as variáveis clássicas que representam esse conceito. Também não é a proposta aqui entrar nos processos de melhoria e reequilíbrio da cadeia de valor adequada para o seu negócio, o que só é possível e coerente fazer sob um processo efetivo de consultoria, a quatro mãos (cliente e consultor), analisando objetivamente cada variável da estrutura de custos que compõe o negócio de cada cliente, rumo ao cálculo de margem possível ou desejado para seu projeto.

	% Fat Bruto	Valores (R$)	% Fat Liquido
Vendas ao Consumidor	%		
Remuneração Revendedor	%		
Fat. Bruto	%		
PERCENTUAL DE IMPOSTOS	%		
Fat. Líq.	%		
CMV	%		
Margem Contrib.	%		
Despesas Variáveis	%		
Marketing	%		
Verba Promocional	%		
% desc. Canal	%		
Remun. Premio FV	%		
Comiss. ...	%		
Tributos Remunerações	%		
% Inadimp.	%		
Custo Financeiro	%		
Logística	%		
TI/Sistemas	%		
Margem Operacional	%		
% dos Custos Fixos	%		
FINAL	%		

O conceito de "cadeia de valor" tomou corpo e disseminou-se nas teorias de negócios na década de 80, quando grandes empresas de consultoria o adotaram, tendo se popularizado pela abordagem de Michael Porter em seu livro "Vantagem Competitiva ", de 1985, que a destacou como instrumento fundamental para que uma empresa identifique os fatores de sua vantagem competitiva. Então, entendido e assimilado o conceito, o dono de um negócio de venda direta deve ter mapeada a sua cadeia de valor para, desde o começo, pensar em sua estratégia e ser capaz de listar seus diferenciais de competitividade. Assim, será possível então entrar no ponto que queremos abordar, para seu projeto na Venda Direta: analisar o peso do custo de cada item dessa cadeia, para identificar se existe atratividade, competitividade e, por fim, viabilidade em seu projeto, principalmente em dois aspectos fundamentais na VD:

- **Proposta de Remuneração** (que na venda direta abrange o percentual de desconto que vai gerar margem para os revendedores/rede, e o peso da remuneração da Força de Vendas CLT em modelos mono ou binível (ver Capítulo 6, onde abordamos especificamente a importância da Remuneração na VD). E aqui isolamos a remuneração, porque é de se esperar que os custos de produção e marketing, por exemplo, já tenham sido devidamente estabelecidos, pois são variáveis muito básicas, e que são fatores muito críticos do negócio, para serem adaptados posteriormente a fim de viabilizar a remuneração; e
- **Margem,** ou seja, o que efetivamente vai sobrar para os donos do negócio, depois de cobertos todos os custos.

Se a remuneração inviabilizar a margem, e vice-versa, deve-se acender a luz vermelha para esse projeto de negócio.

É por isso que comparamos a cadeia de valor do negócio ao sistema imunológico de um organismo vivo: essa análise, que preferencialmente deve ser feita antes de se estabelecer a operação de venda direta, permitirá identificar se esse organismo vai viver ou se não reúne as mínimas condições de vida. A cadeia de valor saudável protege o negócio, e elimina o risco de ficar vulnerável e ser fragilizado por certas "enfermidades", que, ao afetarem a operação, atuarão como uma doença, enfraquecendo o organismo/negócio, a ponto de "tirá-lo de circulação ".

Essas "enfermidades " decorrentes da "falta de imunidade" do organismo (cadeia de valor inviável), são:

– Percentual de desconto do canal sem competitividade perante os concorrentes (como o canal não é exclusivo, o apelo do percentual de ganho/ lucratividade proporcionado pelo desconto praticado ao canal é um dos principais fatores de decisão para que o revendedor autônomo cadastre-se). Em geral, o desconto praticado para o canal varia de um mínimo aceitável de 15% a no máximo 30% (que na prática representam uma lucratividade, para quem revende, na faixa de 18% a 42%). Modelos que incluem o Distribuidor PJ praticam em média descontos de 45 a 50% para esse público, que, ao repassar para seus revendedores, tende a reter em média 20% para garantir sua margem.

– Estrutura de salário fixo baixo e prêmio variável in- expressivo praticado para membros da Força de Vendas CLT (as empresas que adotam os modelos mono/ binivel dependem do trabalho destes profissionais para conduzir os resultados de produtividade do canal autônomo). Empresas para as quais a cadeia de valor não permite ofertar remuneração condizente com a média do mercado, e sem condições de reagir às condições agressivas que permitem aos concorrentes atrair e reter pessoal de FV capacitado, comprometido e competente nessa atividade, terão alto "turnover", com custos trabalhistas desnecessários nesse processo de perda e reposição, defasagem do ciclo de aprendizado desses profissionais, impacto no tempo de afinidade decorrente da construção de relacionamento e confiança entre a FV e o Canal, gerando desconfiança, insegurança e fragilidade no canal autônomo gerido por essa FV.

– Migração de recursos da cadeia de valor com a operação já em curso, para tentar mitigar "gaps" nas variáveis, desequilibrando o fluxo de investimentos em áreas críticas como produção e marketing ("cobrir a cabeça e descobrir o pé"). Análises tardias da cadeia de valor geralmente recorrem a essa manobra, para tentar recompor uma margem mínima de lucro para a empresa, mas a enfermidade será inevitável: ou faltarão recursos para a produção, ou para o marketing, ou para a remuneração da estrutura comercial, que são órgãos críticos desse organismo que precisam funcionar em sincronia.

ANATOMIA DE UMA OPERAÇÃO DE VENDA DIRETA

ANATOMIA DE UMA OPERAÇÃO DE VENDA DIRETA

CAPÍTULO 2: O CÉREBRO DO NEGÓCIO (MODELO DE VENDA DIRETA)

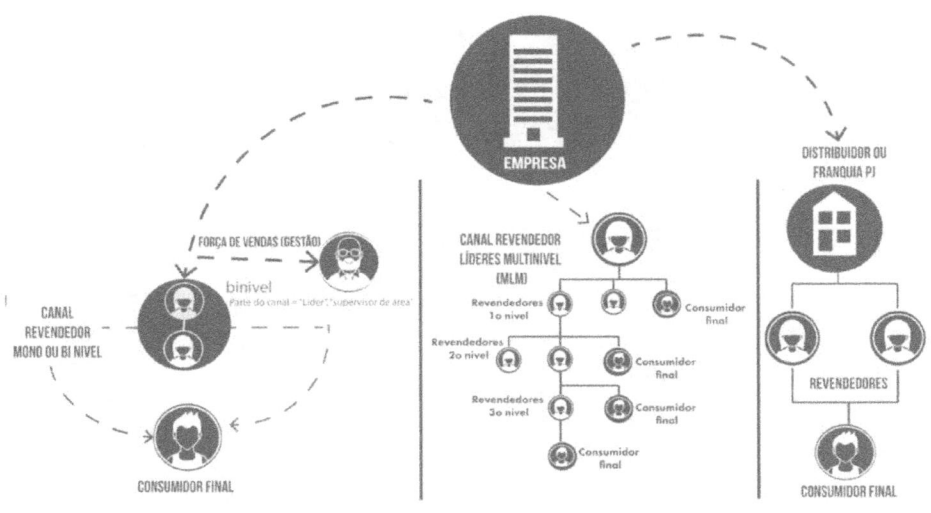

ANATOMIA DE UMA OPERAÇÃO DE VENDA DIRETA

Os Modelos dizem respeito à quantidade (e o tipo) de níveis de canal (ou seja, níveis compostos por EMPREENDEDORES AUTÔNOMOS sem vínculo empregatício) existente ENTRE a empresa e seu cliente final.

O Modelo definirá também a estrutura de remuneração (conforme abordaremos no Capítulo 6) adequada à operação.

Comparamos o Modelo ao cérebro do organismo vivo, pois as consequências da indefinição de um modelo estruturado oficialmente adotado e disseminado pela empresa comparam-se às de um corpo acéfalo, ou seja- sem cérebro, ou com alguma enfermidade grave que elimina o domínio cerebral de suas funções e seus órgãos. Imagine e entenderá... É inviável que uma empresa adote o modelo multinivel e tenha uma força de vendas gerenciando os líderes multinível - ou, adotar o modelo binivel mas sem estruturar a necessária Força de Vendas que deve gerenciar o atingimento de metas... E até possível estabelecer uma operação com modelos híbridos , ou melhor ainda ser Omnichannel, integrando modelos diversos para canais diferentes, para ampliar sua atuação no mercado e atingir mais clientes - mas devem ser entendidas e respeitadas as características de cada modelo que compõem uma operação híbrida ou omnichannel.

Assim, o modelo de comercialização adotado pela empresa deve ser:
- FORMALIZADO pela direção da operação
- ABSORVIDO pelas áreas administrativas da empresa
- PERCEBIDO pela Força de Vendas, pelo Canal de empreendedores autônomos e pelo mercado
- ENTENDIDO pela Força de Vendas e pelo Canal de empreendedores autônomos
- PRATICADO pelo Canal de empreendedores autônomos

O Modelo adotado pela empresa norteia uma série de decisões e recursos fundamentais de uma operação, como sua estratégia de marketing do canal, o escopo de setup e especificação dos Indicadores de Performance utilizados por sua plataforma de gestão (sistema/ software de venda direta), processos logísticos e os materiais de apoio a serem disponibilizados para sua Força de Vendas e seu Canal - variáveis que influenciarão diretamente os investimentos-chave demandados pela operação.

Os Modelos de comercialização viáveis para uma operação de Venda Direta são:

- **Modelo mononivel** (referência original: Avon e Natura): É o modelo no qual existe apenas 1 nível de canal autônomo, que adquire os produtos da empresa com desconto, e os revende com margem de lucro para seus clientes.

No Brasil, o mononivel (ou sua variação "binivel ") é o modelo praticado pelas principais empresas no ranking da Venda Direta, ou seja, as que concentram mais canal cadastrado e ativo e os maiores faturamentos do segmento (cerca de 70% do mercado de Venda Direta brasileiro), ainda que, no mundo, o modelo multinivel seja o que mais cresce. Este modelo pressupõe a existência mandatória de uma estrutura de gestão, denominada "Força de Vendas" (composta por pessoas contratadas em regime CLT com todos os direitos trabalhistas legais, nas posições hierárquicas de supervisores, gerentes de área, gerentes de venda, promotoras de vendas, divisionais e outras denominações equivalentes), que podem receber metas formais e remuneração variável, para garantir que as equipes de autônomos atinjam os resultados planejados pela empresa. Esta estrutura de Força de Vendas ("FV") que faz a gestão do Canal autônomo visa alinhar o negócio à legislação brasileira, que proíbe o estabelecimento, divulgação e cobrança de "Metas" e "Objetivos" formais e por escrito de canal autônomo, assim como a "convocação" desse canal autônomo para "reuniões" ou eventos, inclusive treinamentos – sob o risco de incorrer em vínculo empregatício.

É fundamental que nos treinamentos da Força de Vendas e nos materiais internos a empresa oriente e administre adequadamente a respeito de como deve ser conduzida a relação entre os membros da sua Força de Vendas e o Canal, assim como sua atuação em campo, para eliminar qualquer percepção equivocada de hierarquia, subordinação e habitualidade do canal em relação à FV da empresa, o que, legalmente, não pode existir.

A gestão nesse modelo é altamente dependente de KPIs (indi- cadores de performance, clássicos na venda direta - consulte o Capítulo 3 para ver os mais utilizados), sendo a Atividade um dos mais emblemáticos: nas empresas do modelo mononivel, historica- mente registra-se uma média de 60% de Atividade (ou seja, 60% do canal cadastrado coloca pedido a cada mês, ciclo ou campanha), enquanto que, no modelo multinivel, esse indicador historicamente fica na faixa de 15%. É um reflexo do trabalho da Força de Vendas sobre o canal.

Modelo Binível: É forçosamente uma derivação ou evolução do modelo mononivel, adotada aqui no Brasil primeiramente pela Avon (em meados da década de 1990), e alguns anos depois por Natura e Jequiti, como principais exemplos.
É caracterizado por um "segundo nível" de empreendedores autônomos denominados "Líderes ", que tornam-se responsáveis por atrair ou recrutar novos empreendedores igualmente autônomos, assim como por conduzir seu cadastramento, desenvolver seu conhecimento na atividade, sobre a empresa e os produtos e então participar na evolução dos resultados de sua equipe, recebendo pagamento de comissões e bônus em dinheiro, baseados na produção dessa equipe (inexiste qualquer remuneração fixa, para não caracterizar infração ou vínculo trabalhista).

De acordo com as exigências legais brasileiras, para que recebam essas comissões das empresas, os líderes autônomos devem emitir nota fiscal (geralmente tornam-se MEI - Micro Empreendedor Individual) para a empresa pagadora, de forma a jamais caracterizar sonegação ou evasão fiscal/tributária nesse processo. Essa derivação do modelo mononivel nasceu da necessidade de "desonerar" as empresas mononivel em relação aos crescentes custos de remuneração com a Força de Vendas CLT. O modelo binivel transferiu boa parte das atribuições quantitativas da FV (atração, construção da equipe, orientação de vendas) para o novo nível de Líderes Autônomos, concentrando especificamente atividades qualitativas, de capacitação e mais institucionais e conceituais, para a FV - ressaltando-se que, ainda assim, a FV é INDISPENSÁVEL para garantir a gestão formal e estruturada das metas e objetivos do negócio - o que é impossível apenas com equipes autônomas lideradas por pessoal igualmente autônomo - pois autônomos não podem receber metas, serem cobradas de objetivos de cumprimento de resultados, nem cumprir requisitos de exclusividade e muito menos penalizados.

É importante destacar ainda que o modelo binivel permite mais proximidade e melhor gestão entre os líderes e suas equipes, pois as empresas adequam as regras de limitação de tamanho dos setores, para um menor número máximo de pessoas por liderança, facilitando e agilizando a relação, atenção e apoio que pode ser dado pelo líder aos revendedores cadastrados em sua equipe, ficando o foco da FV na relação com os líderes, seus multiplicadores junto ao canal.

Assim, a Força de Vendas foca sua gestão nos líderes, em menor número, assumindo esses líderes como seus pontos focais e multiplicadores nas ações junto às equipes de revendedores. Assim como no original mononivel, a gestão da produtividade no modelo binivel é altamente dependente de KPIs (indicadores de performance, clássicos na venda direta), valendo a mesma observação feita a respeito da Atividade no modelo mononivel: a influência relevante da gestão da Força de Vendas e dos líderes sobre o percentual de atividade do canal, quando comparado ao modelo multinivel.

ANATOMIA DE UMA OPERAÇÃO DE VENDA DIRETA

DIAGRAMA DO MODELO MONO OU BINIVEL

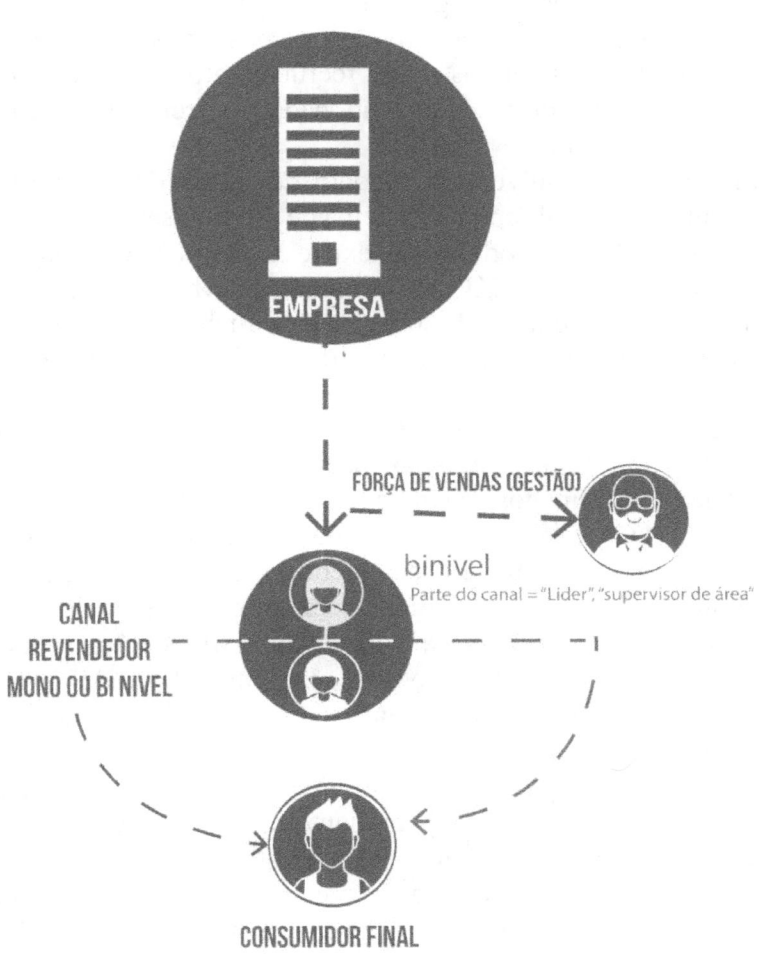

- **Modelo Multinível** (referência original: Amway e Herbalife): Também conhecido como MMN ("Marketing Multi Nivel") e MLM ("*Multi Level Marketing* "), é o Marketing de Rede - o modelo estruturado totalmente sobre equipes de empreendedores autônomos, construídas por líderes que são os responsáveis diretos pelo "recrutamento" de membros para suas equipes, encarregando-se da atração, cadastro, treinamento e mobilização cotidiana de sua rede.

No mundo, o Multinível é o modelo de venda direta que mais cresce atualmente (no Brasil representa cerca de 30% do segmento, em termos de faturamento). Neste modelo não existe a estrutura de Força de Vendas CLT, e isso se reflete no KPI de Atividade mais baixo (15%, em média) do que nos modelos mononível (60%). Toda a dinâmica de motivação em prol da produtividade em um modelo multinivel fica por conta de dois pilares:

- *Plano de compensação:* Matriz com regras atraentes de ganhos, compostos por bônus (quantias pagas uma vez, ou de forma avulsa conforme determinados eventos - novos cadastros, qualificação de membros da rede, conquistas do Plano de Qualificação) e comissionamento (remuneração recorrente, paga mensalmente como percentual das compras ou pedidos de membros da rede do lider) e

- *Programa de qualificações:* política agressiva de "plano de carreira " (papéis a serem conquistados na estrutura da rede - com nomes tradicionalmente baseados em minérios nobres, como prata, ouro, safira, diamante...), que permite que os membros conquistem novas posições, como por exemplo, evoluindo sua qualificação de "bronze" para "prata", de "prata " para "ouro" e assim por diante, conforme indicadores multinível como, por exemplo, seu tempo de cadastro, histórico de ativação, seu histórico de volume de compras e a quantidade de membros (*downline*s) qualificados em deter- minados papéis em sua rede. A evolução nestes papéis de qualificação, até conquistar as qualificações mais elevadas do modelo multinível da empresa, garantem não somente aumentos nos percentuais de ganhos de bônus e comissões do Plano de compensação, mas também a distribuição de prêmios de alto valor percebido, que são objeto de desejo de toda a rede, como viagens e cruzeiros internacionais e automóveis de luxo.

A estruturação das regras de remuneração e qualificação em um modelo multinível exige a parametrização de alguns elementos e variáveis obrigatórios, que são conceitos-chave desse modelo.

De forma muito superficial e básica, segue um modesto "glossário" multinível, citando alguns desses conceitos, mais recorrentes e fundamentais para entendimento da modelagem multinível:

Ativo: Membro da rede que comprou o Kit de Ativação no mês, ciclo ou campanha. Somente membros ativos recebem seus bônus e comissões.

Bônus: Como parte do Plano de Compensação, a empresa estabelece bônus a serem pagos ao membro da rede mediante conquistas pontuais do Plano de Compensação, assim como a conquista de cada nova graduação (Qualificação) no Plano de carreira, além dos percentuais de Comissão recorrente. No caso do "Bônus", é um valor pago no momento dessa "conquista" apenas (ou seja, pagamento "one shot").

Business Pack: Equivalente ao "kit-início" ou "starter kit", é um pacote que deve ser adquirido por todo novo membro ingressante na rede multinivel, muitas vezes composto não apenas de itens físicos para início na atividade (catálogo, folheteria de divulgação, button, kits demonstradores, produtos para uso e revenda) mas também de itens intangíveis faturados como ser- viço (assinatura de ativação de loja virtual ou escritório online renovável anualmente, "matrícula" na rede etc.).

Campanha: Período da vigência do composto promocional e estratégico de venda. Muitas empresas adotam a nomenclatura de "Ciclo " para a duração de seus períodos de venda, ou vigência de seus compostos promocionais, mesmo quando duram um mês completo. Outras empresas chamam de Campanha (que não tem necessariamente relação com campanhas para conquista de qualificações, ou promoções de desconto, lançamento etc.). Nas empresas que utilizam catálogos, geralmente é emitido um novo catálogo com data de vigência para cada novo Ciclo ou Campanha (ou mês), pois as condições comerciais (descontos, lançamentos, kits, combos e brindes) valem para a duração daquele Ciclo, campanha ou mês. Um critério interessante para entender o motivo de se estabelecer Ciclos ou Campanhas com duração inferior à duração de um mês é que em vez de doze (12) oportunidades de negócios, caso adote, por exemplo, um ciclo de 3 semanas, a empresa pode ter dezessete (17) oportunidades de venda, pois pode trabalhar dezessete campanhas e compostos promocionais para mobilizar o canal e alavancar negócios, em vez de apenas doze (quando faria uma por mês).

Centro de Negócios: Algumas operações multinível adotam um conceito de "Centro de Negócios " para as posições na rede multinivel. Ou seja, tais posições podem ser "vendidas ", transferidas, repassadas ou ter sua titularidade alterada, como se fossem um negócio virtual vitalício. Tais "centros de negócio" podem valorizar-se pelo seu histórico de comissões e bônus, decorrentes da produção da rede de *downline*s desse centro.

Comissão: valor recorrente, calculado no fechamento de cada mês, campanha ou ciclo. É um valor percentual em relação aos pedidos dos "*downline*s" da rede (VG – "Valor de Grupo"), e dentro de um limite de níveis de "profundidade" que geram remuneração para o *upline*. A cada nova qualificação ou graduação conquistada no plano de carreira, o membro da Rede faz jus a um novo conjunto de regras desses percentuais calculados mensalmente como Comissão.

Derramamento: Conceito de alocação de pessoas inerente aos modelos de rede "binária ". Derramamento é o "transbordo " que a compressão binária obriga a ser feita, para alocar um novo membro na rede de um líder, a partir de sua terceira indicação para compor sua equipe. O derramamento obedece a regras do modelo binário ou configurações estratégicas feitas pelo líder (se a plataforma de gestão multinível permitir), para definir em qual das duas únicas "pernas" da rede de um líder esse novo membro deverá ser alocado.

Downline: Membros da equipe do líder, alocados nos níveis de profundidade de sua rede (abaixo do líder ou patrocinador), que geram comissionamento "para cima" (para os *upline*s aos quais estão relacionados, por questão de alocação ou por patrocínio).

Geração: Diz respeito a uma indicação ou patrocínio, se foi feita diretamente pelo *upline* ou por um *downline* de sua rede (se foi uma indicação própria, esse seu *downline* é de 1ª geração; se é uma indicação trazida por um *downline* de sua rede, essa nova pessoa é de 2ª geração).

Indicacão Direta / Indireta: Indicação direta refere-se à posição de um *downline* trazido diretamente pelo líder ou *upline*; Indicação Indireta está relacionada a posições recebidas pelo líder ou *upline*, de outros patrocinadores ou indicantes. Pode ser um indicador utilizado para alterar valores de bônus ou de regras de comissão (por exemplo, "indiretos" podem ter um percentual menor no cálculo de remuneração de líderes ou *upline*s).

Kit ou Combo de ativação: Pacotes disponibilizados mensalmente (ou conforme a duração do ciclo ou campanha), que podem ter uma composição específica, ou terem um valor que pode ser atingido com a livre aquisição de produtos do portfólio da empresa. Esses Kits de Ativação devem ser obrigatoriamente adquiridos para que um membro da rede seja considerado "Ativo" (e, portanto, contabilizado pelo Indicador Multinível de "Ativos"- que é diferente da regra de Ativo nos modelos mono e binivel), pois somente "Ativos" podem receber os bônus e Comissões apurados a cada mês, ciclo ou campanha.

Lateralidade: Quantidade de posições com membros de rede, alocadas de forma horizontal ou na mesma "lateral " de um líder.

Líder: Pessoa que iniciou a construção da Rede, geralmente na fase de *pré-marketing* da operação multinível.

Matriz aberta ou fechada: Composição de rede que permite ou não a ilimitada alocação de membros na lateralidade, o que influencia a estrutura de profundidade do modelo, bem como as regras de "derramamento " das indicações. Se há limite de posições laterais, é uma "matriz fechada".

Patrocinador: Pessoa que indicou novos membros para a Rede, e não necessariamente é líder/ *upline* de quem indicou, devido a regras de alocação baseadas em critérios geográficos ou de zoneamento, por exemplo. Mas por ser patrocinador, pode receber comissões ou bônus relacionados a suas indicações, mesmo que não façam parte de sua rede direta.

Pin: Papel ou classificação no Plano de Qualificação (Ouro, Rubi, Duplo Diamante...), geralmente simbolizado/ materializado na forma de um "pin" ou broche, que dá visibilidade para este membro perante os demais, nos eventos de reconhecimento.

Plano ou Modelo de Negócio: Conjunto de regras que define os ganhos em bônus e comissões pagas pela empresa aos membros da rede, bem como detalha os requisitos para conquista e evolução/retrocesso nos papéis de qualificação. Via de regra, as empresas que atuam no marketing mutinivel elaboram um documento de apresentacão de seu Plano de Negócios (impresso e digital) que apresenta a empresa, os produtos e formaliza de forma didática e instigante as regras de seu modelo. Esse documento usa layout e imagens bastante chamativos, e deve agregar testemunhos reais de membros bem-sucedidos da rede (conquistados na fase de pré-marketing), com apelo de texto ("copwrítíng') voltado a pessoas de perfil empreendedor.

"PML": Ponto Máximo por Linha - é um limitador da pontuação máxima por "perna" ou linha que o modelo multinivel da empresa admite considerar para cálculo das comissões a pagar. É um critério que ajuda a manter o controle da viabilidade da remuneração máxima possível que a empresa consegue ou planeja pagar em seu modelo de rede, em prol da sustentabilidade de sua Cadeia de Valor. Há modelos que adotam "VML"(Venda ou Volume Máximo por Linha).

Posição: Onde um membro de rede é alocado nessa rede à qual pertence ("perna esquerda", "perna direita", 1º nível, 2º nível).

Pré-marketing: Período prévio ao lançamento oficial de uma empresa ou operação multinivel, dentro do qual a empresa divulga condições extremamente agressivas de alocação dos Líderes pioneiros, sempre no topo das redes; são oferecidos kits e pacotes de entrada com descontos que proporcionam ganhos diferenciados, e regras exclusivas válidas por tempo limitado. Com isso, a operação atrai Líderes que já possuam equipes, motivando-os a migrar com suas equipes de outras empresas que atuam no multinivel, iniciando essa nova operação com uma rede que alavanque os resultados de forma mais acelerada, gerando "*hype*" no mercado.

Profundidade: Quantidades de níveis de "*downlines*" que originam cálculo de comissão para seu Líder ou seus "*uplines*". Quando não há limites, e todos os níveis abaixo geram ganhos para o *upline*, é uma matriz com "profundidade infinita ".

Rede binária: Matriz fechada que comprime a rede a apenas duas "pernas" (ou linhas) sob as quais forçosamente o líder tem que alocar todos os seus *downlines*, de forma distribuída entre essas duas pernas, conforme a regra de derramamento estabelecida. A variação "binária" utiliza um critério de "perna menor" (ou "mais fraca") e "perna maior" (ou "mais forte"), para estabelecer que o cálculo de comissões do *upline* sempre considera a produção da "perna menor".

Regras de Compressão: É uma regra fundamental, que TODA empresa que adota modelo multinivel precisa definir desde o início de sua operação. É uma definição indispensável para gerenciar a "transição" ou realocação de uma equipe quando se "perde " um Líder/*Upline* (compressão física da rede) e para determinar a redistribuição das comissões dos *downlines* dentro da regra de profundidade vigente (compressão dinâmica da rede), para os níveis acima, e somente para os ativos, quando há alguma regra que não foi cumprida - por exemplo, comissões dos *uplines* inativos, que precisam ser redistribuídas na rede, apenas para os *uplines* ativos.

Resgate da remuneração: Processo que estabelece quanto, quando e como os membros da rede podem solicitar o pagamento de seus bônus e comissões apurados a cada mês, ciclo ou campanha. Existem operações multinivel que não permitem este gerenciamento - ou seja, em todo fechamento de mês, ciclo ou campanha a empresa apura e divulga o montante de bônus e comissões ao qual os membros da rede fazem jus, e automaticamente faz essa transferência, mediante a NF de serviços do recebedor. Empresas que adotam essa gestão da manifestação de quanto o membro de rede deseja receber/resgatar, devem permitir a gestão do saldo dessa "conta corrente" no Escritório Virtual do sistema utilizado pela rede, bem como a possibilidade de converter parte desses valores em créditos (ou pontos), que podem ser usados como desconto em pedidos pessoais do membro da rede.

Titularidade: Em algumas operações que adotam o conceito de Centro de negócios, a "titularidade " do Centro de Negócio pode ser dividida entre 1º Titular e 2º Titular (marido e mulher, sócios, irmãos, parentes...). Isso reforça a diferença entre ocupar uma posição na rede e possuir um Centro de Negócios na Rede.

Upgrade: Conceito adotado pelas empresas multinível que utilizam Kits de Ativação ou "Business Packs" para classificar a faixa de percentuais de ganho de seus líderes. Por exemplo, quem adquire o Kit "Básico ", ganha 3% do montante de pedidos de sua rede; quem adquire o Kit "Master ", ganha 5%; e quem adquire o Kit "Premium", ganha 7%. Mas a pessoa que inicialmente foi classificada para receber 3% porque adquiriu o Kit "Básico ", pode posteriormente adquirir um "upgrade" e passar para o nível de comissionamento "Master" ou "Premium", sem precisar comprar um kit completo da outra categoria novamente.

Upline: Membros da equipe alocados nos níveis superiores da rede, geralmente responsáveis por trazer novos membros para a rede/equipe e que, por isso, recebem comissionamento relacionado às compras dessas pessoas que trouxeram para a rede.

"VG": Venda de Grupo - Indicador utilizado para os cálculos de comissão, que contempla o total de pedidos da equipe de um *upline*, menos a sua própria compra pessoal no período.

"VP": Venda Pessoal - Indicador referente especificamente às compras/pedidos do membro da rede, que em geral não deve entrar nos cálculos de resultado da rede utilizados para apuração das comissões.

conceitos de rede - mlm

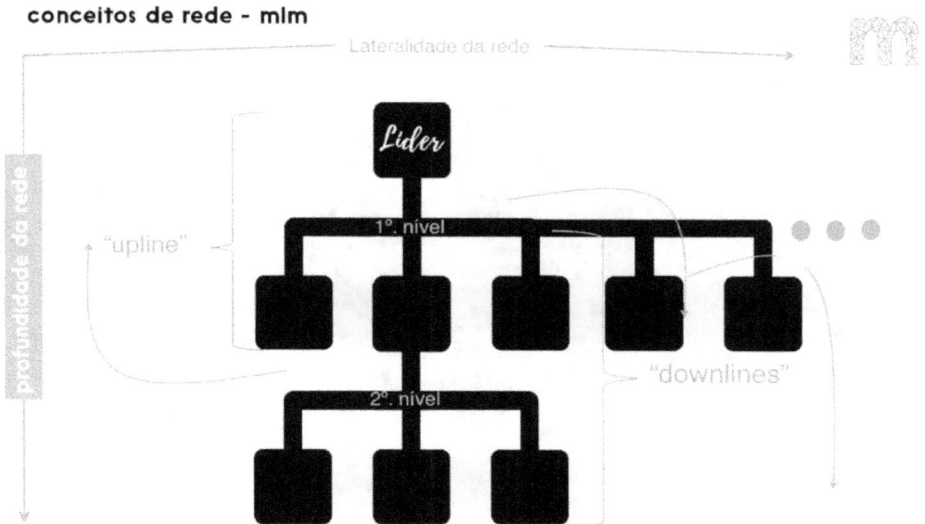

Recomendo a leitura de obras especificamente dedicadas ao conhecimento acadêmico do Marketing Multinível, aos que desejam conhecer em profundidade os termos apresentados no glossário acima, ou, melhor ainda, o contato com consultores especializados, para aprofundar o conhecimento dos conceitos MMN citados, de forma a identificar a melhor forma de adotá-lo para seu projeto.

ANATOMIA DE UMA OPERAÇÃO DE VENDA DIRETA

DIAGRAMA DO MODELO MULTINIVEL

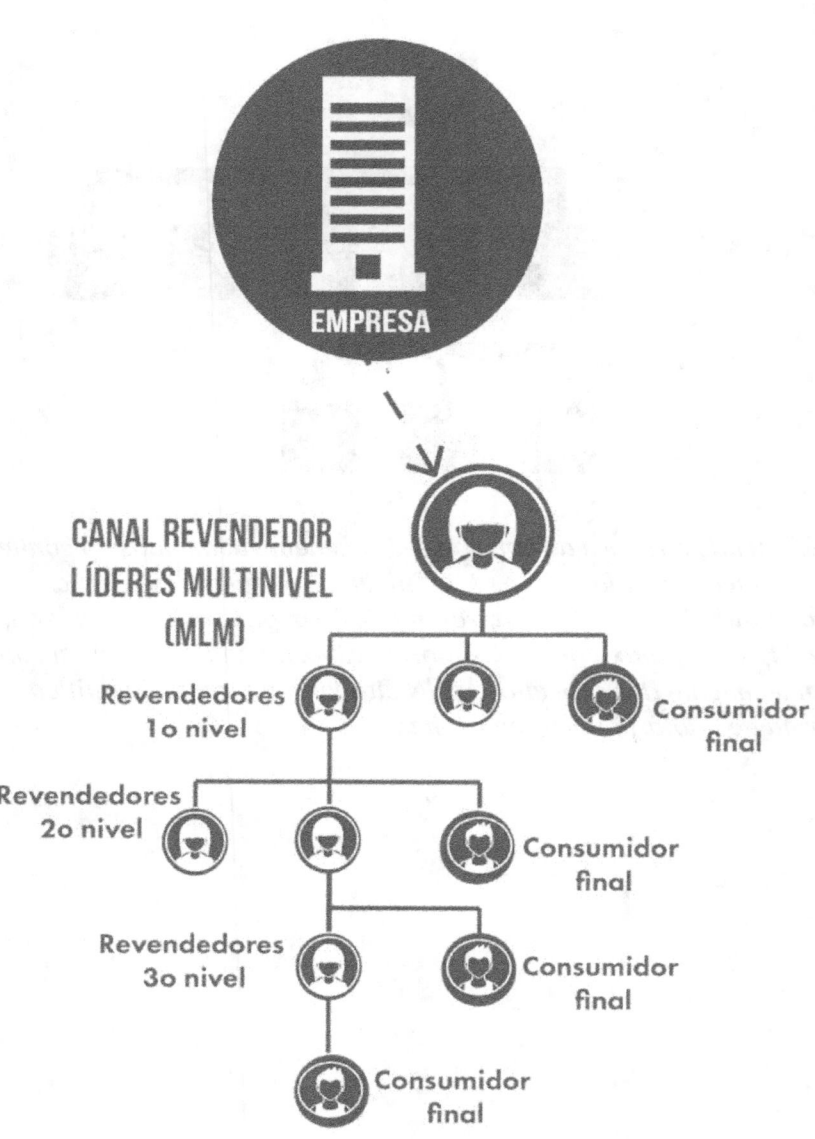

- **Modelo de 2 níveis PJ** (referência original: Hermes e Tupperware): Este modelo, que é uma modalidade de "*sell in*", encontra diversos desafios no Brasil, devido às questões fiscais relacionadas à comercialização B2B entre a Empresa (ou Franqueadora) e o Distribuidor (ou Franqueado), que depois vai "re-revender" de seu estoque para os empreendedores autônomos, que por sua vez, é quem de fato fará o "*sell out*", ou seja, venderá para o cliente final.

É importante entender esta característica deste modelo, que torna-se um B2B2C - uma empresa compra de outra, com um pedido mínimo bem maior do que o praticado nos outros modelos mono/bi/multinível, e revende esses produtos para os autônomos, que então revenderão estes produtos para seus clientes finais. É um modelo bastante atraente para muitos empresários, pois permite estabelecer uma relação comercial mais controlada junto a empreendedores Pessoa Jurídica, que, portanto, para abastecer suas redes, compram os produtos em maior quantidade, e com os quais é possível estabelecer contratos de exclusividade e regras de pedido mínimo bem mais interessantes do que na venda pulverizada junto aos revendedores Pessoa Física. Nas operações mais organizadas os pedidos feitos pelos PJs à empresa geralmente são "consolidados" a partir dos pedidos fracionados feitos pelos revendedores PF autônomos ao Distribuidor.

Via de regra, neste modelo, os empreendedores distribuidores u franqueados PJ sempre são os responsáveis pela construção e gestão da rede de revendedores, que passa a ser sua responsabilidade, e não da empresa fornecedora dos produtos. Por isso, geralmente os descontos sobre o preço final sugerido são da ordem de 50% ou um pouco mais conforme os limites da Cadeia de Valor da operação - para que esses PJs possam reter uma margem de lucro e praticar os descontos clássicos do segmento para sua rede, em torno de 15 a 30%. Porém, tal estrutura apresentará grandes riscos de defasagem ou distorção no relacionamento, na manutenção dos conceitos e nas premissas do negócio junto aos revendedores (canal) que ficam sob a gestão dos distribuidores/franqueados, pois na maioria dos casos a empresa não atua no fornecimento do sistema ou plataforma de gestão desse cadastro, e assim também não participa na definição e gestão das regras de venda direta sob as quais esse canal deve atuar. Assim então, o canal na verdade torna-se uma "propriedade" do distribuidor/ franqueado, espelhando as regras e conceitos recebidos desse gestor, com quem de fato estabelecem a relação de liderança, ou, no mínimo, de fornecedor dos produtos que revendem.

Mas é importante registrar o sucesso de empresas de destaque e atuantes, como O Boticário, que estabeleceu sua operação de Venda Direta mononível exclusivamente sob seus fraqueados PJ; ou a Hinode, que incorporou um modelo de franquia de Centos de Distribuição, turbinando o seu modelo multinível, e mesmo a Tupperware, que no Brasil tem toda sua equipe de empreendedores autônomos cadastrada e atuando sob a gestão de um grupo seleto de Mega-Distribuidores, que compram os produtos da Tupperware brasileira e os vendem para o canal de revendedores cadastrados em suas Distribuidoras. São exemplos de negócios bem-sucedidos implantados nesse modelo e que levaram em consideração esses cuidados:
- **Tributários:** administrar corretamente em sua Cadeia de Valor os impactos fiscais e tributários de uma operação B2B, na qual incidirão em sua emissão de NF o recolhimento regular dos impostos de venda para as PJs para quem você venderá, e que também terão de ser devidamente recolhidos por essas PJs na emissão de NF de revenda que estas inescapavelmente emitirão para as Pessoas Físicas de sua rede de revendedores; há ainda que se considerar a política de concessão de crédito e o rigor no processo de cobrança, pois os volumes de compra dos Distribuidores demanda a flexibilização de crédito e aceite de meios póspagos (como boletos ou faturas) para viabilizar a operação desses parceiros.

- **Estratégicos:** antever e estabelecer processos de cadastro de revendedores nas Distribuidoras, as regras da Venda Direta a serem respeitadas pelo canal sob os Distribuidores e a gestão operacional junto a esses parceiros PJs, que são praticamente atacadistas na cadeia de fornecimento da empresa. Assim, essas empresas bem-sucedidas conseguiram mitigar os riscos estratégicos relacionados à manutenção das regras de negócio, adoção dos valores e conceitos da Marca e o relacionamento alinhado e em conformidade com a empresa junto aos revendedores autônomos encarregados do "*sell out*", evitando desconectá-los da empresa fornecedora que abastece os franqueados ou distribuidores.

DIAGRAMA DO MODELO BASEADO EM DISTRIBUIDORES OU FRANQUEADOS "PJ"

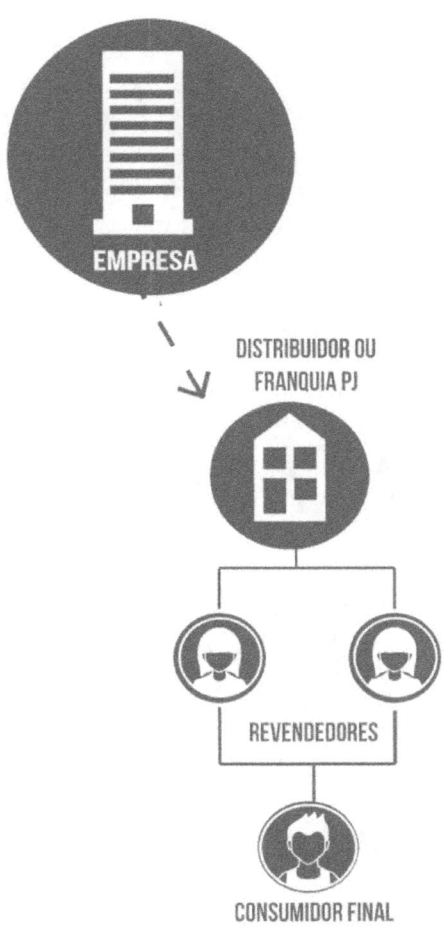

ANATOMIA DE UMA OPERAÇÃO DE VENDA DIRETA

As formas de Comercialização adotadas sob os modelos

Após decidir pelo modelo mononivel, binível, multinivel ou baseado em Distribuidores ou Franqueados PJ, a empresa deve identificar a forma de comercialização a ser adotada pelo canal para executar efetivamente a venda direta, levando os produtos para seus clientes finais. A forma de comercialização equivale ao processo de "sinapses dos neurônios", considerando nossa analogia de ter o Modelo como o cérebro do negócio. É o _processo_ que, independente do Modelo, define como o canal autônomo da empresa realizará a venda direta para seus clientes finais.

As **Formas de Comercialização** vêm sendo afetadas por fatores recentes como a pandemia e transformadas, principalmente, pelos recursos tecnológicos atuais (internet, _apps,_ redes sociais), como veremos no Capítulo 10.

   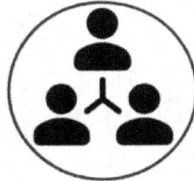

Venda por catálogo: Permite alcançar muitos clientes, divulgando o portfólio de produtos - mas de maneira massificada. Essa forma de comercialização não é indicada para produtos de alto valor agregado, que demandem orientações mais específicas e consistentes para entendimento do uso, processos de aplicação e uso e para evidenciar diferenciais de sua formulação ou composição, que podem perder esse valor agregado, ao serem simplesmente apresentados em uma catálogo, sem o devido apoio e orientação de membros do canal no processo de venda. O pilar estratégico desta forma de comercialização é o Catálogo, seja físico (impresso, que vem perdendo espaço, até pelos custos envolvidos em sua produção e pelo impacto ambiental) ou em formato digital (arquivo PDF para distribuição _oflline_, via email, _download_s, WhatsApp ou uma versão virtual, para navegação *online*). É importante destacar que a aceitação do Catálogo em formato digital é crescente, o que é uma excelente notícia para as empresas, já que os custos de produção e distribuição desse material em seu formato impresso representam a 2il maior despesa das empresas do segmento. Em pesqu- isa realizada em 2020 pela ABEVD (Associação Brasileira das Empresas de Venda Direta), constatou -se que 63% dos consumidores já estavam habitua- dosa receber catálogos virtuais dos empreendedores que os atendem, sendo que 25% já havia escolhido produtos e feito a compra efetivamente por esse meio. Cerca de 1/3 dos consumidores abordados na pesquisa disseram preferir o catálogo virtual, contra 39% que informou preferir ainda aversão impressa. Em relação a "ter dificuldade com os meios digitais", apenas 3% dos consumidores registraram essa alegação, sendo que no canal esse percentual é ainda menor: 1,9%. A pandemia acelerou esse cenário de interação com versões digitais dos catálogos, e essa mudança parece irreversível.

Reuniões de demonstração: Adotada por empresas que comercializam pro- dutos que dependem da demonstração prática para explorar ao máximo seus diferenciais e efetivar a venda (como feito por empresas do segmento de utensílios, como a Tupperware). Essa forma de comercialização também é utilizada por empresas que buscam processos mais agressivos de atrair pessoas para o canal, pois as reuniões de apresentação tornam-se eventos não apenas de venda, mas também de disseminação das oportunidades do negócio para prospecção de indicações para novos membros do canal. O pilar estratégico desta forma de comercialização é o conjunto de regras e rituais de organização dos eventos e reuniões, que envolve elementos como o "anfitrião" da reunião, materiais de apoio a serem utilizados nessas reuniões, kits de demonstração dos produtos, regras de reconhecimento e premiação baseados na realização de eventos e "conversão de anfitriões " e a logística envolvendo o processamento dos pedidos obtidos nas reuniões. É importante destacar que esta forma de comercialização, que ficou vulnerável ao longo do tempo, devido às restrições decorrentes de mudanças comportamentais dos clientes, vem reinventando-se e renascendo, tornando-se plenamente viável na era da Transformação Digital graças à incorporação dos recursos atuais de vídeo-conferência, aplicativos de smartphones, plataformas de

EAD e recursos de gestão de equipe e "gameficação" presentes em diversas plataformas de gestão de Venda Direta.

Consultoria: Compensando a massificação da venda por catálogo, a Consultoria é a forma de comercialização adotada por empresas que investem na capacitação de seu canal, em material de apoio mais elaborado e em Indicadores e regras de valorização da participação do canal em módulos de treinamento sobre o produto, que exploram sua correta utilização e até técnicas de venda, de forma que esse canal seja percebido de maneira diferenciada e seja valorizado pelos clientes, atribuindo a esse canal um perfil que vai além de serem considerados meros "revendedores". Seu papel no processo de venda direta passa a ser de fato consultivo, de orientação e de apoio ao cliente na correta identificação de suas necessidades e do produto adequado a seu consumo, pois a empresa comercializa produtos que demandam ou dependem de uma apresentação mais consistente e de maior rigor no processo de venda e fidelização dos clientes. O pilar estratégico desta forma de comercialização é o Treinamento e o Material de apoio, que devem ser elaborados e disponibilizados pela área de Marketing de Canal da empresa para garantir que o canal torne se um multiplicador das informações consultivas, de forma fiel aos conceitos originais emanados pela empresa. Empresas que adotam a forma de comercialização baseada na Consultoria (e, portanto, chamam seus revendedores de Consultores), investem em módulos de Treinamento, que hoje inclusive podem ser conduzidos online, usando plataformas de EAD (Ensino à Distância), bem como criando materiais para serem baixados pelo Escritório Virtual ou aplicativos, como tutoriais, links para *webinars* e "*lives*" no canal de vídeo da empresa.

Marketing de Rede: É a forma de comercialização vinculada aos modelos multinível, por essência. Todo seu apelo é baseado em recursos focados na construção e ativação da rede, na robustez de seu Programa de Qualificação e agressividade de seu Plano de Compensação - de forma que os próprios clientes sintam-se atraídos pelas oportunidades de ganho e prosperidade proporcionados pela adesão ao negócio, geralmente ficando em segundo plano os apelos relativos aos produtos comercializados. Fica subentendido que, para que esse processo se mantenha, a empresa seja confiável e os pro- dutos comercializados pela rede existam, sejam tangíveis e de fato possuam qualidade e eficácia - para, em definitivo, mitigar qualquer desconfiança que remeta a operações "piramidais ", oportunistas, fraudulentas e sem sustentação. O pilar estratégico desta forma de comercialização é o modelo multinível em si, e seu Plano de Negócios, que deve empoderar continuamente os Líderes autônomos que conduzem o processo em campo, transformando os membros de sua rede em multiplicadores do modelo.

CAPÍTULO 3: A ESPINHA DORSAL DO NEGÓCIO (FORÇA DE VENDAS)

Força de Vendas

Equipe (geralmente CLT) responsável pela construção do canal de vendas autônomo e sua gestão direta) em modelos mono/binivel

- Gerentes Regionais
- Gerentes de vendas
- Promotoras de vendas
- Gerentes de "Desenvolvimento de Negócio"
- Líderes de Equipe

- **Motivada por Metas alinhadas com o MODELO VD definido**
- **Reconhecida com remuneração variável e Plano de Carreira**
- **Demandam processos sólidos de marketing e gestão de remuneração**

ANATOMIA DE UMA OPERAÇÃO DE VENDA DIRETA

ANATOMIA DE UMA OPERAÇÃO DE VENDA DIRETA

Como citado no Capítulo2 . referente aos Modelos de Venda Direta, a estrutura de gestão denominada "Força de Vendas" - ou "FV"- é uma característica dos modelos mono ou binível. na qual é necessária uma equipe com perfil de gestão, contratada em regime CLT, com salário e prêmio variável, para conduzir os resultados projetados pela empresa, a partir dos KPis (Indicadores-chave de Performance) definidos para seu negócio.

Não raro, as empresas identificam no próprio canal pessoas com potencial, com capacidade diferenciada de captação de novos empreendedores, perfil gerencial, organização pessoal, facilidade com cálculos, boa comunicação verbal e escrita, "*driven*", resilientes e inspiradoras, e as convidam para compor sua Força de Vendas. Outras adotam o processo clássico de abrir processos de seleção, para buscar no mercado profissionais com esse perfil.

Comparamos a Força de Vendas à espinha dorsal desse modelo de VD, pois é a estrutura que mantém a operação "de pé" e firme, evitando que o organismo/ negócio perca o equilíbrio e fique "entrevado", curvado - já que a operação depende do desempenho de um canal autônomo, sem vínculo empregatício, sem obrigações e sem gestão hierárquica - pois não pode jamais ser cobrado, para atingimento dos resultados planejados - premissas que, sem gestão, forçosa- mente tendem para um processo caótico, sem ritmo e sem garantias de atingimento dos indicadores.

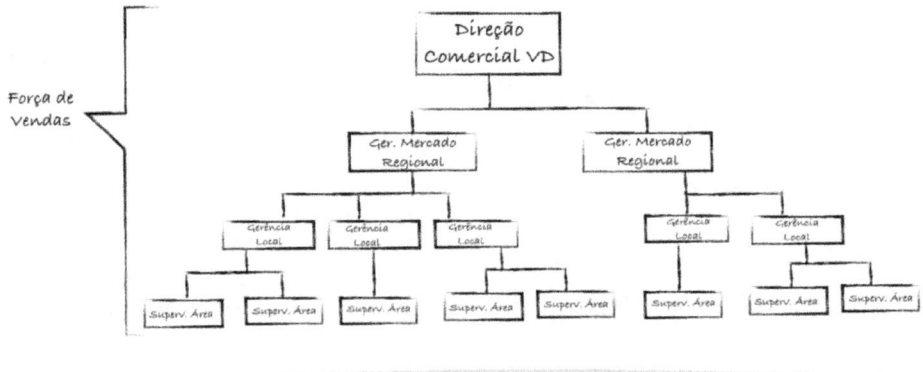

Hierarquia: Essa estrutura de gestão "FV" é composta, em geral, por uma hierarquia formal e corporativa, de Diretor Comercial ou Diretor da Venda Direta, sob o qual distribui se um organograma em níveis de Gerentes de Mercado regionalizados, Divisionais, Gerentes de Venda, Supervisores ou Promotoras de Venda, Gerentes de Relacionamento ou de Desenvolvimento de Negócios - para exemplificar algumas das nomenclaturas dos cargos de uma estrutura de FV.

Indicadores (KPIs): O assunto dos KPIs ou Indicadores-chave de Performance é recorrente quando se deseja entender a Venda Direta e se planeja implantar uma operação. Os modelos mono e binivel requerem a definição de mais Indicadores do que no modelo multinivel, já que no multinível, como não existe uma estrutura CLT para a qual se pode divulgar e monitorar indicadores de atingimento de metas, não se pode formalizar KPIs de meta ou objetivos de performance nos ambientes de gestão (Escritórios Virtuais ou "*app*") nem distribuir informações em relatórios, como é clássico e praticamente mandatório para a FV mono/binivel.

Cobertura Geográfica: Definida a hierarquia e quantidade de níveis dessa estrutura comercial, deve ser atribuída uma área de cobertura para atuação de cada nível, de forma a organizar e "setorizar" a atuação dessas equipes, distribuindo o potencial de canal x clientes x consumo por área. Isso maximiza ações de campo como eventos de captação/atração de canal, reduzindo o tempo de deslocamento e gastos da ajuda de custo em processos de atendimento e visitas - que continuarão existindo mesmo em uma nova realidade na qual predominará o contato remoto entre FV e canal.

Alguns **KPIs clássicos** na gestão de modelos mono ou binivel:

- Início (cadastro com 1º pedido)
- Ativas (quantidade de revendedores com pedido colocado na campanha ou ciclo corrente)
- Tamanho da equipe ou setor (total de revendedores cadastrados, ativos e não-ativos)

- Disponíveis (quantidade de revendedores que têm pelo menos um pedido colocado em algum período de tempo, geralmente, nos três últimos meses, ciclos ou campanhas)
- Atividade (percentual obtido da divisão da Quantidade de Revendedores Ativos pela Quantidade Total de Revendedores Cadastrados)
- Cessação (processo de bloquear em definitivo um revendedor, por inatividade. Geralmente ocorre no fechamento do sexto mês, campanha ou ciclo de inatividade. Após ser "cessado", um revendedor normalmente precisa iniciar todo o processo de início regular para voltar à atividade, o que pode incluir comprar novamente o "kit inicial", além de perder seu histórico de pontos para campanhas ou outras conquistas)
- Perda (indicador percentual obtido da divisão da quantidade de cessados pelo tamanho inicial do setor, a cada mês, campanha ou ciclo. É um KPI que mede a eficiência do gestor do setor - ou da equipe - na construção e retenção do seu canal)
- Faturamento Líquido (receita de venda do mês, ciclo ou campanha, considerando o preço praticado para o canal, descontando itens como material de Apoio e Frete)
- Faturamento Bruto (receita de venda total do mês, ciclo ou campanha, considerando o preço praticado para o canal, sem descontar nada)
- Repique (percentual de revendedores que colocou mais de um pedido no mês, ciclo ou campanha corrente)
- Ticket Médio (média obtida dividindo-se o faturamento líquido do mês, ciclo ou campanha, pela quantidade de pedidos desse mesmo período)
- Volume de Negócios (receita de venda total do mês, ciclo ou campanha, considerando o preço sugerido de revenda ao consumidor final)

A Remuneração da Força de Vendas (ver também o Capítulo 6): Tendo entendido que os KPIs são a base estratégica para orientação do trabalho da Força de Vendas, pois é a partir deles que devem ser definidas as Metas e Objetivos disseminados pela empresa, ao longo da hierarquia FV, para que os membros dessa Força de Vendas possam conquistar seus prêmios a cada campanha de vendas (ou mês ou Ciclo), também já deve estar claro que, nos modelos mono e binivel, é o trabalho dos membros da Força de Vendas que garante o sucesso no acompanhamento e compromisso em relação aos Indicadores, transformados em Metas e Objetivos formais, cujo atingimento se reflete na insubstituível política de remuneração variável inerente à estrutura de Força de Vendas . O atingimento de tais Metas/Objetivos também deve permitir a evolução desses profissionais no Plano de Carreira, conquistando então aumento nos indicadores de cálculo de sua remuneração variável e os "*marcos*" de carreira (ranking para ter direito às viagens para as convenções de vendas, conquista de automóveis funcionais, jóias ou "pins").

É interessante notar que no modelo multinível, também existem atrativos de "carreira " bastante similares (cruzeiros, automóveis, "pins" ou broches) - mas que, como são destinados aos Líderes de Rede, considerando como principais "indicadores multinível" suas classificações no Plano de Qualificações (Ouro, Esmeralda, Diamante etc.) e o histórico de construção de sua rede (histórico de atividade, tempo de casa e qualificações dos *downline*s da rede), a divulgação e acompanhamento desses indicadores é "gameficada", ou seja, é tratada de forma lúdica, jamais como "meta x realizado" , mas sim fortemente baseada no conceito de "reconhecer" o atingimento de determinados patamares de resultado, sem jamais penalizar o não-atingimento.

CAPÍTULO 4: OS MÚSCULOS DO NEGÓCIO (MARKETING)

Marketing Institucional e de Produto
- Identidade de Marca /Branding
- Mídia
- Marketing Digital e funil CRM
- Mix de Produto
- Categorias
- Linhas
- Embalagem e rotulagem
- Posicionamento de preço (pricing)
- Linguagem adequada ao Target
- Promoções Consumidor Final
- Cronograma de Lançamentos
- Descontinuações
- Ações nos Pontos de Venda

Marketing do Canal
- Participa de todas as reuniões de Marketing
- Adequa / influencia Composto promocional considerando seu impacto no CANAL
- Cria os Materiais de Apoio do CANAL porque o conhece
- Cria ações de alavancagem de CAPTAÇÃO DE CANAL
- Cria composto promocional focado no CANAL para aumento de Tkt Médio e do Mkt Mix no CANAL

ANATOMIA DE UMA OPERAÇÃO DE VENDA DIRETA

ANATOMIA DE UMA OPERAÇÃO DE VENDA DIRETA

Toda empresa ou negócio estabelece uma área ou *staff* responsável por atividades relacionadas ao marketing. De forma geral, a área de Marketing da empresa cuida da comunicação da empresa com seus diversos públicos, da visibilidade institucional, da criação dos produtos e todos os atributos relativos a esse portfólio (embalagem, rotulagem, estrutura de categorias, posicionamento de preço, calendário de lançamentos, estudos de *marketing mix*, análise da concorrência, extensões de linha), mídia, desdobramentos relativos ao marketing digital e funil CRM, do branding ou da "identidade de Marca " da empresa, que é como a empresa deseja ser percebida perante o mercado e os clientes, disseminando seu propósito, suas crenças e valores.

Nas empresas de Venda Direta, para as quais seu Canal de revendedores autônomos tem importância capital, existe uma área específica para cuidar da comunicação desse Canal: o Marketing do Canal.

Ressaltamos essa característica e sugerimos fortemente a estruturação de uma área responsável, verticalmente, por essa rotina, porque simplesmente agregar a missão e as tarefas destinadas a atender o canal para debaixo da área de Marketing tradicional/institucional, inevitavelmente sobrecarregará esta área e poderá desequilibrar a distribuição de estratégias e ações de comunicação, que devem atender adequadamente esses dois mundos.

As duas missões fundamentais do Marketing do Canal são:

Transformar e tratar o CANAL de Venda Direta como um "Produto", dando a devida atenção a este canal para atribuir a ele todas as qualidades necessárias a um "produto", para que:
1a) seja percebido e "comprado" pelos consumidores finais E
1b) para que atraia novos membros para compor esse canal, de maneira contínua e consistente;

Elaborar e disseminar as ferramentas de trabalho demandadas pelo CANAL da empresa de Venda Direta, para que o canal consiga:

2 a) diferenciar-se ante a concorrência,

2 b) destacar-se na decisão de compra dos clientes,

2c) conhecer a empresa e os produtos com profundidade,

2d) divulgar os produtos da empresa em alinhamento com os conceitos e o "pitch" de venda definido pela empresa sem distorções ou defasagem,

2e) ganhar agilidade na atuação junto aos clientes, de forma que as oportunidades de venda sejam concretizadas,

2f) entender e explorar as regras e processos de qualificação e ganhos proporcionados pelo Plano de Compensação da empresa

2g) acessar e utilizar materiais adequados no processo de atração de membros para sua equipe ou rede

2 h) acompanhar todos os movimentos de crescimento de canal e de incremento de vendas, assim como sua performance e a de sua equipe em tempo real, mantendo a dinâmica do negócio por meio de informações assertivas e com o "*copywriting*" adequado a este público.

Essas são as atribuições-foco da área de Marketing do Canal; as ações e materiais de comunicação por ela elaborados e disseminados são essenciais para diferenciar as empresas que adotam esse modelo e empoderar constantemente seu canal.

A comunicação sob responsabilidade da área de Marketing do Canal deve ter como objetivo-fim atender os seguintes pilares:

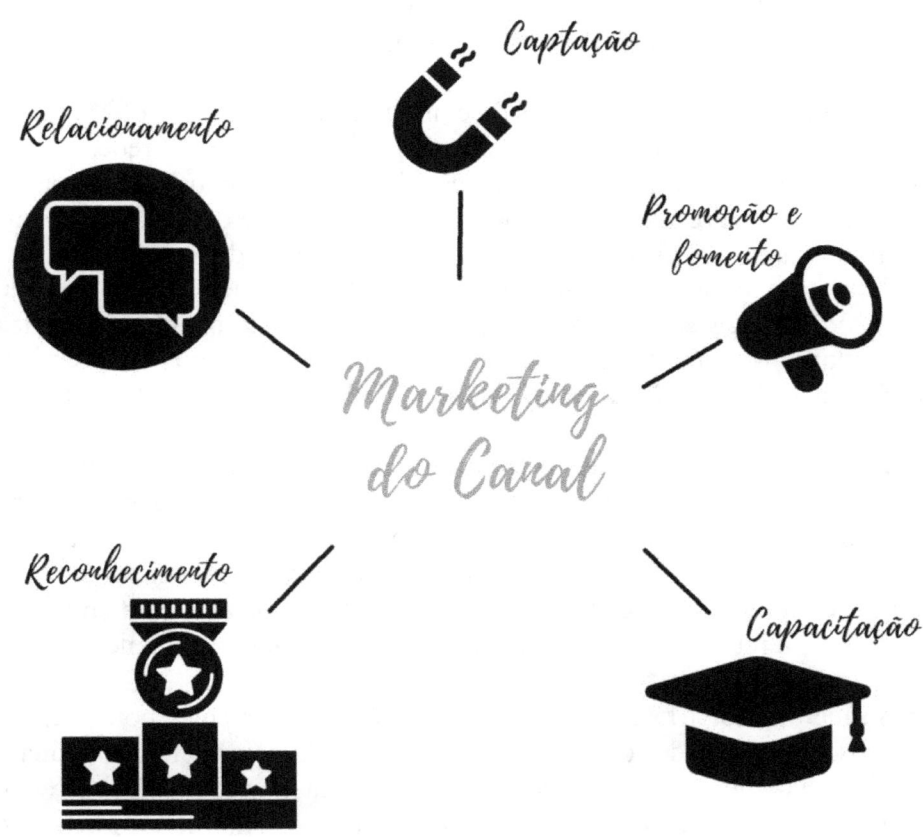

Captação: Materiais de comunicação voltados a atrair pessoas para o canal da empresa, conforme os *guidelines* do Modelo adotado pela empresa (o apelo para atrair, engajar e converter pessoas para compor o canal de uma empresa mono/ binível é diferente do utilizado para atrair pessoal alinhado com as características de um modelo multinível, ou de uma estrutura baseada em distribuidores Pessoa Jurídica);

Fomento e Promoção: Materiais de comunicação criados para fomentar e ajudar a construção da rede em modelos de marketing de rede, e, nos modelos mono/ binível, é a comunicação focada em promover as vendas e o incremento dos resultados, criando motivos para que o canal mantenha-se ativo, aumentando seu tícket médio e a "cesta de compras" (kits, combos, calendário de lançamentos e descontinuações, promoções de *cross-selling / upselling* dentro do mix de produtos, campanhas baseadas em ranking ou em cupons de desconto e para sorteio de prêmios, campanhas de indicação de novos empreendedores, brindes e descontos);

Relacionamento: Materiais de comunicação que cumprem o papel de aproximar a empresa do canal, desde seu início na atividade, e manter esse canal informado sobre os valores e propósito da marca, diferenciais do produtos, regras de negócio, oportunidades de explorar e maximizar os ganhos, como utilizar recursos e materiais disponibilizados pela empresa, como atrair e reter clientes e como aumentar a compra dos clientes;

Reconhecimento: Materiais de comunicação que devem reconhecer os esforços bem-sucedidos do canal, e divulgar, nos diversos veículos e canais de relaciona- mento da empresa (escritório virtual, website, blog, redes sociais, aplicativos de mensageria) as conquistas dos empreendedores, dos líderes e de membros da Força de Vendas perante as equipes: evolução no plano de carreira, rankings de campanhas de vendas conforme os diversos Indicadores utilizados pela empresa, conquistas de "PINs" em planos de negócio multinivel, bonificações de destaque, incentivos como viagens, automóveis e marcos de carreira da força de vendas, de forma a fortalecer nessas ações seu potencial de "objeto de desejo" e criar na equipe o interesse em também atingir tais conquistas para ter a mesma visibilidade e reconhecimento.

Capacitação: Materiais de comunicação que disseminam conhecimento, técnicas, regras e melhores práticas relativas à Empresa, seus produtos e seu modelo de Venda Direta. Engloba os conteúdos relativos a vendas, utilização de produtos, plano de negócio multinível, plano de compensação de marketing de rede, "desenho instrucional" e "ciclos de aprendizagem" disponibilizados em plataforma de treinamento à distância (EAD) na forma de tutoriais, vídeos, "*lives*" e "*webinars*". Atende a demanda de treinamento dos níveis de hierarquia da Força de Vendas, dos líderes de equipe e diretamente dos empreendedores autônomos.

O ponto fundamental quando tratamos da Comunicação na Venda Direta é: fale com seu Canal. tendo plena consciência de que é seu canal - não é seu consumidor, não é seu "*influencer*" e nem seu *prospect*. Não misture o discurso que deve ser criado e dirigido ao seu canal (ou seja, que tem que considerar as necessidades de atendimento, ganhos, apoio e capacitação), com a comunicação que a área de marketing tem com seus demais *targets*.

É comum, por exemplo, empresas de produtos de maquiagem ou de linha capilar profissional que aderiram à Venda Direta cometerem esse erro, dirigindo ao canal mensagens de marketing que "falam" apenas com maquiadores e cabeleireiros, ou o contrário - enviar aos maquiadores e cabeleireiros mensagens que reforçam processos (lucro, desconto, carteira de clientes, escritório virtual, indicações...) que só interessam a quem de fato cadastrou-se para ser canal e quer de fato exercer uma atividade de revenda dos produtos a clientes finais. Os profissionais de estética nem sempre gostam de ser tratados como canal, a não ser quando essa opção de também atuar na revenda está explícita, foi uma opção clara assumida por eles no processo de cadastro.

ANATOMIA DE UMA OPERAÇÃO DE VENDA DIRETA

Essa mistura de papéis na comunicação é o tipo de erro que cria operações de Venda Direta ineficientes, e uma expectativa distorcida e muitas vezes não atendida, em relação à reação de seu público à sua comunicação e incentivos.

Pela importância dos processos citados, é que comparamos o Marketing à musculatura do organismo. Sem isso, o organismo/ negócio não tem força nem tônus para locomover-se, para ir adiante e chegar onde deseja.

ANATOMIA DE UMA OPERAÇÃO DE VENDA DIRETA

CAPÍTULO 5: OS PULMÕES DO NEGÓCIO (CANAL DE REVENDEDORES)

- **Profissionais sem vínculo empregatício**
  - Inspiram as oportunidades de venda
  - Expiram a Marca e seu propósito
  - Oxigenam a relação com os clientes
  - Ditam o ritmo do negócio

- **Tem que ser Motivados**
- **Tem que ser Reconhecidos**
  - Eventos de Motivação
  - Eventos de recohecimento
  - Treinamentos
  - Material de Apoio adequado
  - Promoções
  - Brindes
  - "planos de carreira" (sem vínculo)

ANATOMIA DE UMA OPERAÇÃO DE VENDA DIRETA

ANATOMIA DE UMA OPERAÇÃO DE VENDA DIRETA

O canal de empreendedores autônomos é a essência, é o "ar" que uma estrutura comercial de Venda Direta respira, desde a concepção "acidental" deste processo comercial de forma estruturada, no final do século XIX - mais precisamente 1886. Foi quando o vendedor de livros itinerante David McConnel percebeu a habilidade natural das mulheres em construir "*networking*" e inspirou-se a recrutá-las como seu canal de vendas, oferecendo um perfume como "brinde" para as clientes que aceitassem atender suas vendedoras. McConnel então acabou descobrindo que o perfume dado como brinde fazia mais sucesso que os livros que oferecia, e decidiu usar esse canal e processo para efetivamente vender os perfumes, que passou a misturar e produzir pessoalmente em seu pequeno escritório em Nova York. Ali nascia a Avon e um canal de revendedores autônomos, que tornou-se os "pulmões" desse processo comercial. Como em qualquer organismo vivo, ainda que seja um órgão autônomo vital para viabilizar a existência funcional desse organismo, obedece aos comandos do cérebro.

O cérebro, como vimos no Capítulo 2, é o Modelo de Venda Direta. O canal, sendo os pulmões da operação, irá respirar essas regras emanadas pelo modelo e devolvê-las na forma de resultados - seja no crescimento da equipe, seja na produtividade em seus pedidos e no aumento do ticket de seus clientes. E, claro, será recompensado pelas regras de remuneração definidas pela empresa (Capítulo 6) na forma dos descontos e promoções praticados, para alavancar seus ganhos. Ganhos insatisfatórios, ou que não motivam, e sinais distorcidos gerados por modelos confusos ou inconstantes, invariavelmente decorrerão na "falta de ar" e sufocamento da operação, e será uma questão de tempo para esse organismo vir a óbito por insuficiência respiratória...

O perfil desse canal há muitos anos deixou de ser o estereótipo da dona-de-casa que realiza suas vendas "de porta-em-porta", assim como por trabalhadores informais que em sua maioria trabalham "*part-time*" para completar sua renda, como "sacoleiros". Esse tipo de visão preconceituosa e desatualizada pode prejudicar o entendimento do potencial da Venda Direta e sua correta implantação. Na realidade sócio-econômica do século XXI, com as mudanças nos conceitos de trabalho, emprego e estabilidade, e sob o impacto dos novos processos de trabalho remoto, conveniência, consumo online e empreendedorismo, a Venda Direta evoluiu, agregando um perfil de profissionais comprometidos com o novo consumidor, mais informado, exigente e em busca de marcas e produtos com propósito e que atendam suas necessidades com a máxima conveniência. Essa é a realidade que reitera o papel social relevante dessa atividade e das empresas engajadas nesse modelo.

ANATOMIA DE UMA OPERAÇÃO DE VENDA DIRETA

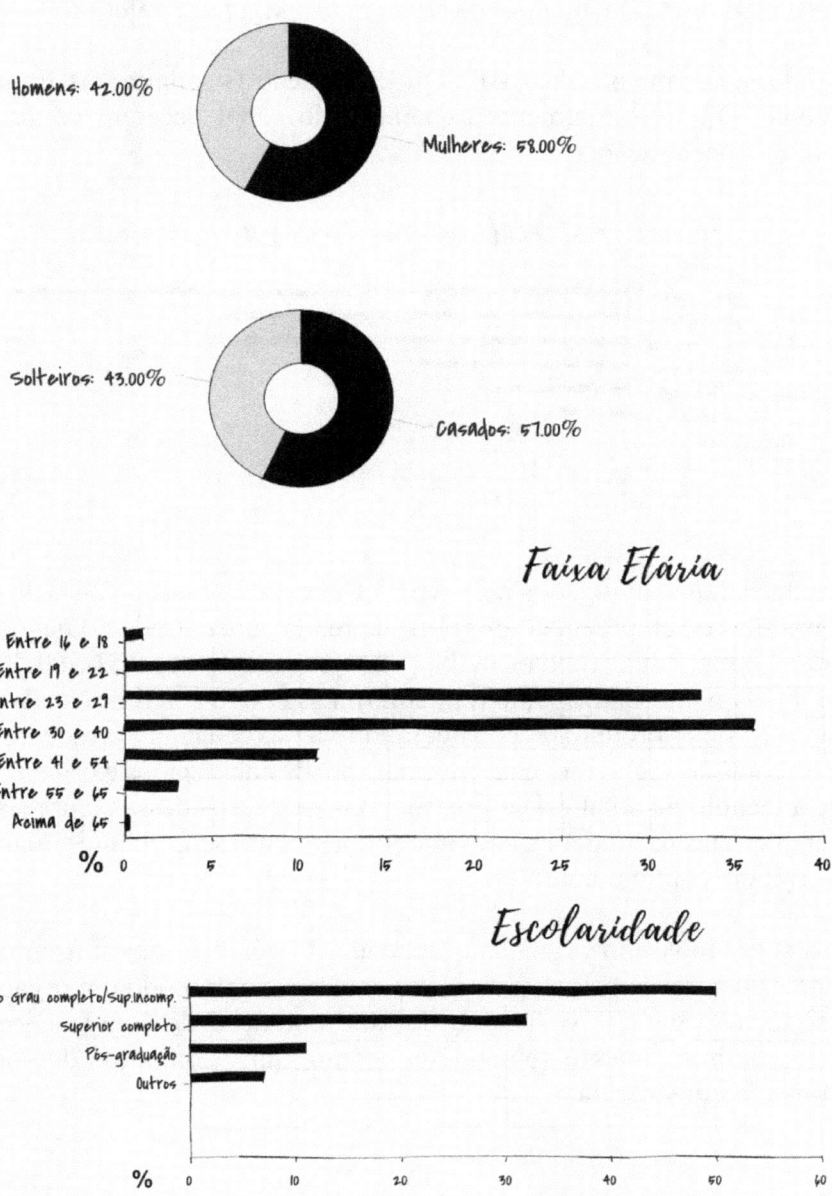

Fonte: ABEVD

Assim, esse canal que sempre foi altamente sensível aos ganhos proporcionados pelos planos de compensação e às estratégias promocionais e materiais de apoio fornecidos pelas empresas que representam, torna-se atualmente ainda mais exigente e seletivo.

Segundo levantamento da ABEVD (Associação Brasileira das Empresas de Venda Direta), atualmente as vendas do canal ocorrem conforme a seguinte concentração:

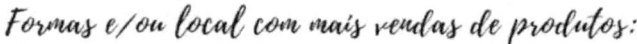

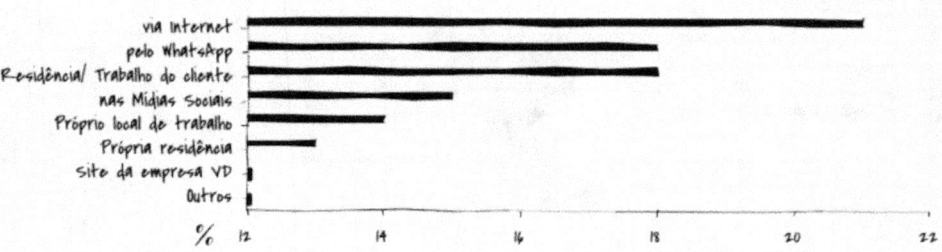

Segundo estudos divulgados pela ABEVD, em 2020 mais de 24% do canal de 4 milhões de empreendedores tem sua renda concentrada no negócio da Venda Direta. Sua renda média está na faixa de R$1.500,00, ou aproximadamente USD250,00 (em 2020). Esse novo perfil de canal espera qualidade dos produtos, considerando a excelência crescente dos concorrentes do segmento, cada vez mais profissionalizados e organizados, e que a tecnologia atual esteja presente nos processos dessas empresas, de forma que estas os ajudem a cativar continuamente seus clientes, diante da concorrência com o e-commerce.

Como sugerimos, um organismo depende do cérebro, dos músculos, do sangue e do coração para viver - assim como o canal, sendo um órgão que, por si só, não garante o sucesso de uma operação de Venda Direta. É preciso definitivamente entendê-la como um conjunto de órgãos trabalhando em sinergia.

Porém, como o pulmão, o canal é um órgão que mata toda a operação de Venda Direta se deixar de funcionar. Isso acontece quando:

- o modelo é inadequado ou confuso
- a empresa confunde o papel do canal com o de consumidor (tratando consumidores como um "canal" involuntário)
- a remuneração é insuficiente (desconto abaixo do praticado pelos concorrentes, o que é percebido pelo canal como lucro menor que na revenda dos produtos das outras empresas)
- o composto promocional é instável (não há motivos para mobilizar o canal e instigar seus clientes todo mês, campanha ou ciclo, porque o portfólio é pequeno ou a empresa não consegue criar apelos promocionais de forma constante e sistemática)
- o portfólio é fraco
- os preços estão fora da realidade do mercado
- a comunicação é ruim, desestruturada (há um descolamento entre a "*brand persona*" e o tom de voz utilizado pelos canais responsáveis pelo contato e relacionamento com o canal)
- não existe reconhecimento

Alguns dos "sintomas" de enfermidade acima são reflexo de uma implantação de *multicanalidade* desestruturada. A empresa tem mais de um canal, o que é praticamente inevitável nos dias de hoje, mas não consegue administrar cada canal em suas reais particularidades, e acaba misturando-os - sem que isso, na realidade, construa uma verdadeira *omnicanalidade*:

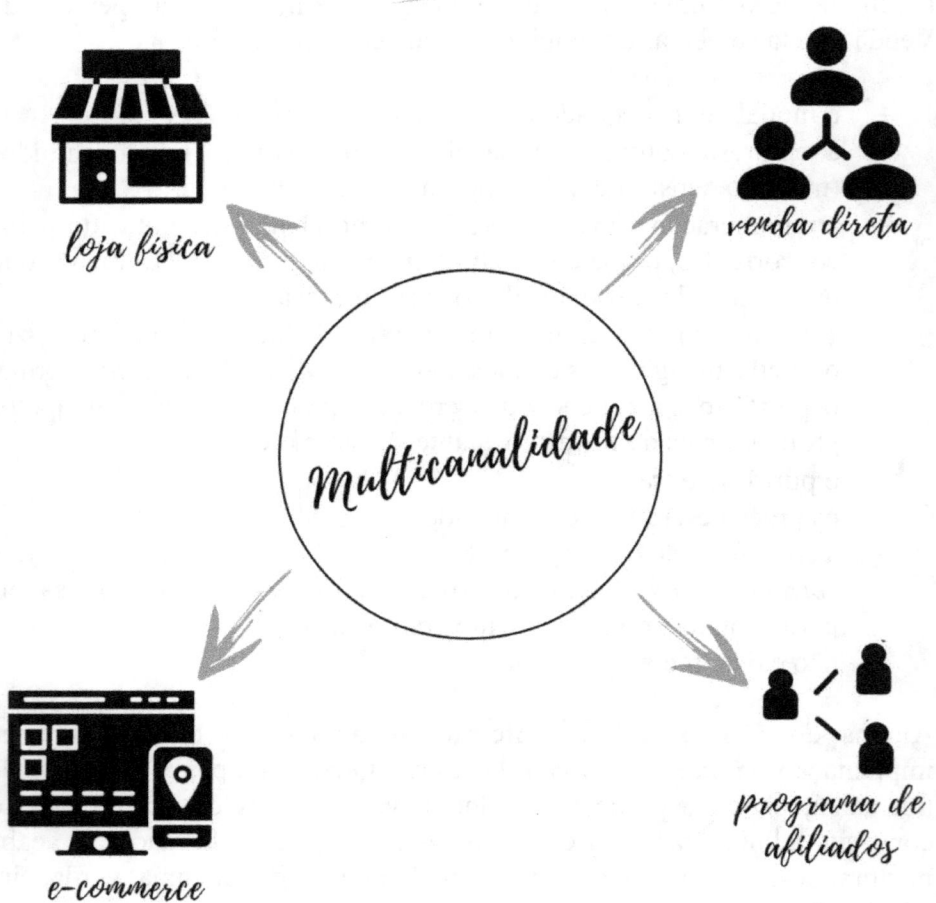

Não é demérito nenhum não convergir para a efetiva *omnicanalidade*: melhor conseguir atuar em múltiplos canais com competência, ainda que com mais complexidade e convivendo com as dificuldades decorrentes de não conseguir identificar e tratar um mesmo cliente ou comprador em suas várias possibilidades de interação com a empresa, do que tentar fazer a *omicanalidade* e não conseguir. Isso será percebido na experiência insatisfatória do cliente/comprador. Afinal, "o ótimo é inimigo do bom"...

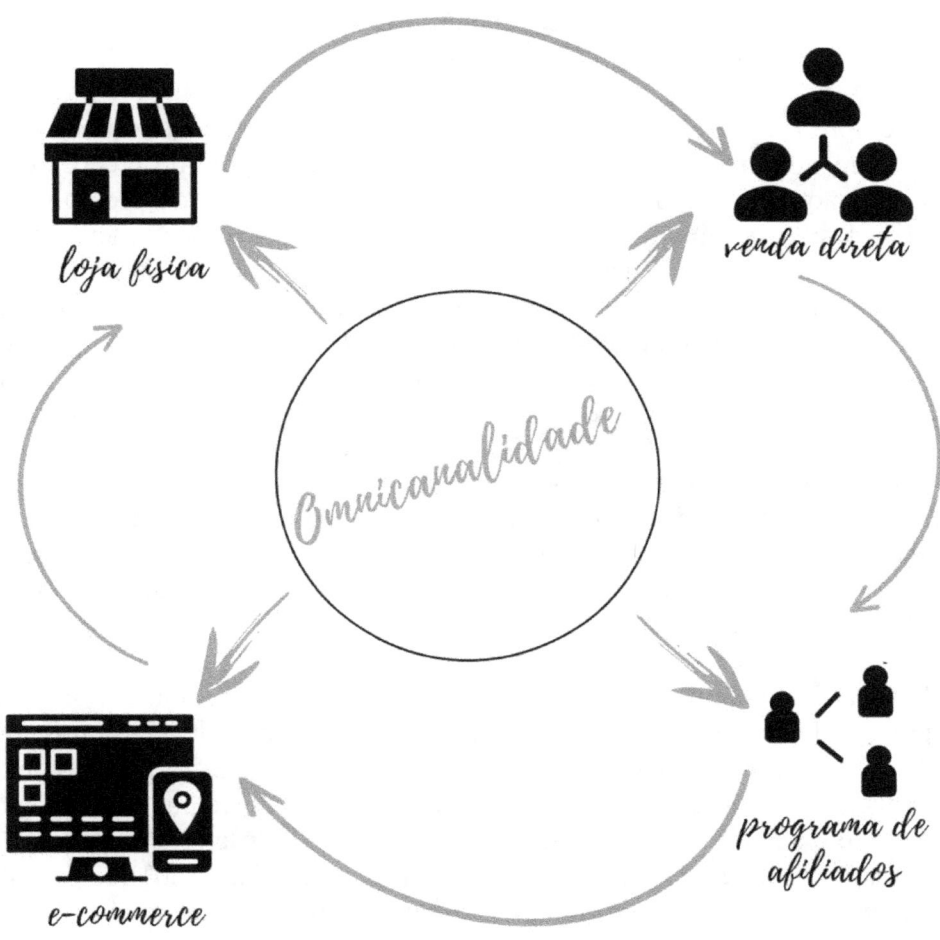

Conseguir entregar uma verdadeira experiência de *omnicanalidade* para o comprador, pressupõe a plena integração não apenas de conceitos, processos e estratégias entre todos os canais pelos quais o comprador se relaciona com a empresa, mas fazer isso por meio da integração dos sistemas e plataformas sobre os quais a empresa roda sua operação (conforme veremos no Capítulo 10). Essa integração sistêmica é a chave para essa evolução na sua estratégia de canal. Um exemplo de excelência atingida na *omnicanalidade*: reconhecer uma pessoa, independente do canal pelo qual ela está transacionando com a empresa, mantendo todas as regras e vantagens cabíveis a essa pessoa.

A empresa é *omníchannel* quando um comprador consegue iniciar uma compra no carrinho de compra do e-commerce, depois de receber uma indicação de produto de um outro cliente, que participa do programa de afiliados; esse comprador não faz seu *checkout* no e-commerce onde iniciou sua compra, podendo consumar essa compra na loja física (poderia também ter consumado no e-commerce e ter optado por retirar e até mesmo pagar seu pedido no processo de "*ín store pickup*"), optando, na loja onde agregou mais itens a seu pedido e pagou com cartão, por receber seu pedido em casa. O sistema de recompensa da empresa mantém o histórico de milhagem ou de "*cashback*" dessa compra, de forma que esse comprador poderá utilizar essa recompensa em uma nova compra na loja virtual de um revendedor da venda direta, sendo que essa informação automaticamente estará disponível para aplicação em seu carrinho de compra simplesmente por ele estar logado - no início de sua compra, ou no momento de fazer seu *checkout* na loja virtual do revendedor.

Uma reflexão importante: Entenda e trate seu Canal como seu cliente, porque ele de fato o é. Para vender sua empresa ou revender seus produtos, o canal é o primeiro a comprar seu produto e o apelo da sua marca - tanto conceitual como literalmente. Se sua comunicação, regras de negócio, suporte e apoio pós-venda não atendem ao Canal, dificilmente atenderão aos consumidores. Hoje, mais do que nunca, é essa visão 360° que permite à empresa pensar como cliente, entendendo como "cliente" também o seu canal, e ajudando esse canal a atuar conforme a jornada do cliente final. Essa é a chave para o sucesso de um negócio que opera na Venda Direta.

É essa sofisticação e o potencial agregador no processo que envolve a estratégia de canais que nos leva a compararmos o canal de profissionais autônomos sem vínculo empregatício ao pulmão do negócio de Venda Direta. Esse é o órgão responsável pela respiração da operação, inspirando as oportunidades, retendo os clientes, expirando os valores e propósito da marca e oxigenando minuto a minuto os resultados dessa operação. Não o sufoque nem polua o ar que ele respira.

CAPÍTULO 6: O CORAÇÃO DO NEGÓCIO (REGRAS DE REMUNERAÇÃO)

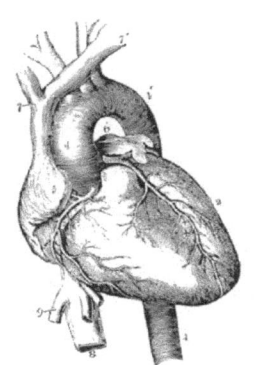

- Bombeia energia para todo o organismo
- Mantém o ritmo de funcionamento desse corpo
- Se parar, o corpo morre

ANATOMIA DE UMA OPERAÇÃO DE VENDA DIRETA

ANATOMIA DE UMA OPERAÇÃO DE VENDA DIRETA

A remuneração em uma operação de Venda Direta diz respeito aos ganhos que serão distribuídos ao longo da estrutura comercial - como o coração, mantendo o ritmo e dando vida à essa operação, conforme o modelo:

- Nas empresas do **modelo mono/binível**, além do percentual de desconto de lucratividade (que se reverterá na margem de ganho dos empreendedores autônomos), as regras de remuneração contemplam o salário fixo mais os prêmios variáveis da Força de Vendas - além da comissão paga aos líderes das equipes pelos resultados auferidos pelas equipes, até chegar na margem de lucro proporcionada pela revenda dos produtos pelo canal autônomo, que é a base da estrutura de remuneração em todos os modelos de Venda Direta. Em média, um empreendedor autônomo da Venda Direta no Brasil registra ganhos mensais na faixa de R$1.500,00 ou o equivalente a USD250,00, no momento em que este livro está sendo escrito, e a faixa de descontos praticada pela maioria das empresas é de 30% (há empresas que estabelecem percentuais menores, conforme viabilidade de sua cadeia de valor);

- Nas empresas de **modelo multinível**, diz respeito ao Plano de Compensação, que estabelece os percentuais de comissionamento definidos pela empresa para os líderes "*uplines*" a cada nível de graduação atingido, em relação à produtividade de suas redes de "*downlines*" - contemplando também a matriz de bonificações pelo atingimento de determinados marcos do Plano de Compensação multinível;

- Nos **modelos baseados em Distribuidores PJ**, está relacionada ao percentual de desconto praticado pela empresa sobre os pedidos de grande volume desses Distribuidores, de maneira que sua margem retida ainda seja atrativa, depois que repassam esses produtos à suas equipes de revendedores com o respectivo desconto.

No caso das empresas com equipes de Força de Vendas, o salário precisa ser atraente e competitivo, pois em geral os profissionais mais experientes desse mercado tomam como referência os patamares de salário e benefícios praticados pelos concorrentes. Porém, sabe-se que o maior percentual de ganho desses profissionais está na remuneração variável, praticamente em uma composição de 60-40, ou seja, do total de ganhos satisfatórios percebidos pela Força de Vendas ao longo de um ano, 60% deve vir da remuneração proporcionada pelo prêmio, um "*plus*" decorrente do atingimento de suas metas, e 40% coberto pela remuneração fixa. Uma premissa clássica na gestão das metas da Força de Vendas é que "*as metas devem ser factíveis, mas desafiadoras*!"

É importante ressaltar que parte do reconhecimento desses profissionais está "embutido" também em benefícios indiretos, como plano de carreira, marcos de carreira (automóveis, jóias) e campanhas que agregam prêmios de alto valor percebido, a serem conquistados ao longo do ano. É importante ressaltar ainda que todos os elementos utilizados para caracterizar remuneração ou premiação variável, pela legislação trabalhista brasileira devem ser incorporados ao histórico de ganhos dos profissionais de Força de Vendas, para efeito dos cálculos de férias e FGTS.

Itens voltados a apoiar o trabalho de campo como ajuda de custo ou "fundo fixo", e reembolsos, não devem entrar nessas contas, e devem sempre ser devidamente documentados na relação entre a empresa e os profissionais da Força de Vendas. As empresas devem buscar a validação e amparo jurídico especializado nas questões trabalhistas para implantar corretamente esses processos relacionados à Força de Vendas.

De qualquer forma, é importante estabelecer uma remuneração que atraia, motive e retenha esses talentos, pois são profissionais que precisam ter um perfil comprometido com a empresa, e que fazem toda a diferença no exercício desafiador de buscar e garantir os resultados necessários à operação de Venda Direta.

No caso dos ganhos destinados ao público autônomo: no caso dos líderes de equipes binível, estes jamais podem ser remunerados baseados em metas ou objetivos assim formalizados pela empresa, nem divulgados em nenhum documento ou ambiente de controle como o Escritório Virtual. Sendo autônomos, diferente dos profissionais de Força de Venda, a empresa jamais pode convocá-los para reuniões ou eventos, nem penalizá-los pelo não-cumprimento de um objetivo ou pelo não-atingimento de uma meta registrada oficialmente, devendo eliminar qualquer condição de subordinação e hierarquia em relação à empresa, nem nenhuma exigência de habitualidade ou cumprimento de horários em locais fixos de trabalho - o que caracterizaria trabalho com vínculo empregatício. Para este público, os modelos de Venda Direta estabelecem comissionamento baseado em um cálculo percentual sobre os resultados da equipe sobre a qual a empresa atribuiu sua "gestão " autônoma. Assim, o Líder binivel deve ser reconhecido e comissionado conforme o atingimento de determinados patamares de venda e atividade de sua equipe, abaixo dos quais não existirá ganhos.

Esta é uma forma de reconhecer o líder binivel pelo "sucesso" da equipe, mas de não penalizá-lo pelo não-atingimento de certos patamares (jamais um líder pode ser advertido ou desligado devido a resultados da equipe. A empresa deve desenvolver formas de "gameficar", tratar deforma lúdica e motivadora a busca de resultados dessa estrutura binivel).

Como a legislação brasileira não permite pagamentos de uma PJ para uma PF sem o amparo da devida Nota Fiscal de prestação de serviços, o que caracterizaria evasão tributária e poderia até mesmo encobrir processos de lavagem de dinheiro, e o fornecimento de RPAs pode caracterizar fraude de vínculo trabalhista por habitualidade, os líderes binivel nas empresas que adotam este modelo aderem ao regime do MEI - Micro Empreendedor Individual, de forma que estes possam emitir para a empresa pagadora a necessária NFe (Nota Fiscal Eletrônica) em contrapartida ao comissionamento que receberão da empresa.

Atualmente no Brasil o MEI é o regime com o menor impacto de impostos para esse trabalhador autônomo. Quando seus ganhos ultrapassam os tetos desse regime, forçosamente estes profissionais precisam adequar sua condição contábil.

Nos modelos multinível, a remuneração de Venda Direta diz respeito especificamente às comissões e bônus pagos aos membros das Redes. Neste modelo, além da margem de lucratividade obtida na revenda dos produtos aos seus clientes, há:

- **os bônus**, recebidos pelo canal quando são atingidas determinadas regras multinível (exemplo: bônus pela ativação de um novo "*downline*" ou patrocinado, bônus pela qualificação em determinado papel, bônus pela qualificação de "*downlines*" em determinados papéis...)
- **o comissionamento recorrente**, pago em todo fechamento de mês, ciclo ou campanha, baseado nos indicadores de produtividade da rede de "*downlines*" do Líder "*upline*", em uma matriz de percentuais que aumenta conforme sua graduação.

Exemplo simples de regra de comissionamento recorrente:

Graduação	Profundidade da Rede		
	Nível 1	Nível 2	Nível 3
Bronze	1%	0,5%	0,3%
Prata	1,5%	0,8%	0,5%
Ouro	2,0%	1,0%	0,8%
Platina	2,5%	2,0%	1,5%
Diamante	3,0%	2,5%	2,0%

No exemplo acima, um líder (ou upline)"Bronze" recebe 1% do valor total das compras de todos os seus downlines de 1º nível, 0,5% dos downlines de 2º nível e 0,3% dos downlines de 3º nível. Quando esse upline conquista o papel "Prata"; passa a receber 1,5% de seus downlines de 1º nível, 0,8% dos de 2º nível e 0,5% dos downlines de 3º nível. E assim por diante, conforme for evoluindo no Programa de Qualificação.

Ao analisarmos as informações sobre Modelo, Canal e Remuneração, fica evidente que o modelo Multinível e a comercialização pelo marketing de Rede são os processos mais complexos da Venda Direta.

A matriz de bônus e regras de comissionamento multinível é sofisticada e deve refletir todas as expectativas de evolução do negócio projetadas pela empresa. Inclusive essa remuneração só é paga aos membros ativos na rede a cada mês, ciclo ou campanha - o que demanda a aplicação sistemática das regras de compressão para redistribuir a remuneração conforme os membros ativos da Rede - processo este que só é executado de forma confiável pelas Plataformas de gestão dedicadas à Venda Direta.

A gestão das regras do Plano de Compensação nesse modelo é extremamente delicada, sendo esse canal muito sensível à confiabilidade dos cálculos apurados ao fim de cada mês, ciclo ou campanha. Erros na aplicação de regras que afetam a apuração dos ganhos e atrasos no pagamento dos bônus e comissões têm impactos graves nesse canal, e, por descrédito, podem levar à saída dos líderes e suas redes, sendo muito difícil para a empresa recompô-la.

Por isso comparamos a remuneração da Venda Direta ao coração. Errar na estratégia de remuneração da estrutura comercial é não cuidar do coração desse organismo, criando enfermidades que podem levar o negócio a um infarto fulminante.

ANATOMIA DE UMA OPERAÇÃO DE VENDA DIRETA

CAPÍTULO 7: O SISTEMA NEUROLÓGICO DO NEGÓCIO (TI/SISTEMAS)

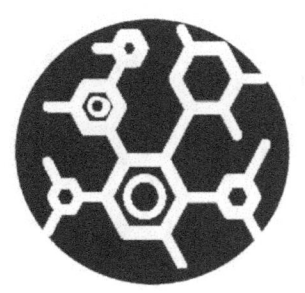

T.I./Sistemas

Não dependem da Venda Direta: viabilizam a Venda Direta

- ERP
- PLATAFORMA DE GESTÃO DA VENDA DIRETA
- APLICATIVOS P/ EQUIPES e VENDA
- CRM
- PLATAFORMA DE E-COMMERCE
- WMS
- FERRAMENTAS DE MARKETING DIGITAL

ANATOMIA DE UMA OPERAÇÃO DE VENDA DIRETA

Chegamos a um ponto crítico da operação - ou da anatomia do organismo: o "sistema neurológico", ou os sistemas informáticos e plataformas alocados sob a área de TI de uma empresa que atua na Venda Direta.

Em 2020, e certamente desta década em diante, tratar de sistemas informáticos aplicados aos negócios deixa de ser um detalhe, como foi por muitos anos. Muitos empreendimentos criados até os primeiros 10 anos dos anos 2000 consideravam o amparo e suporte informático da forma mais espartana e simples possível, muitas vezes levando em consideração a disponibilidade de orçamento, que priorizava o portfólio de produto, colocava os investimentos em recursos demandados pelo canal e pela Força de Vendas em segundo lugar, e por último, os investimentos em sistemas e tecnologia. Não raro, nasciam projetos nos quais se planejava gerenciar a venda direta com planilhas excel. Desnecessário dizer que tais projetos não foram longe (e de agora em diante, não terão fôlego para um ano de operação sequer, diante da profissionalização das áreas de TI dos concorrentes).

Atualmente, na segunda década dos anos 2000, e sob os impactos da pandemia do COVID-19, a Venda Direta teve de adaptar-se para atender uma sociedade altamente engajada no uso de tecnologia e internet, que utiliza massivamente dispositivos móveis, possui computadores domésticos com acesso à internet, vem aderindo de forma crescente ao comércio eletrônico, já familiarizada e segura em relação aos meios de pagamento online e que estabelece cada vez mais relaciona- mentos via redes sociais. Nesse contexto, os empresários interessados na Venda Direta receberam um choque de realidade, pois é preciso adequar seu negócio a um cenário de convergência e *omnicanalidade*.

Vivemos agora em um ambiente de negócios no qual a área de TI deve receber a mesma prioridade e aporte de recursos dedicados ao produto quando se inicia um projeto. E hoje, quando citamos "sistemas", queremos nos referir a todo um ecossistema de plataformas e processos integrados, que ampara as operações de missão crítica, como pagamento, faturamento e gestão fiscal, viabiliza as transações de negócios, dá seriedade à gestão comercial, permite agregar inteligência ao negócio e à tomada de decisões pelo marketing, empodera a área administrativa, o canal e a Força de Vendas, reduz custos e otimiza os investimentos.

Em 2020 assistimos a velocidade impressionante na qual conceitos como a Inteligência Artificial (l.A.) e os robôs de automação de processos ("*bots*") tornaram-se protagonistas das áreas de tecnologia, influenciando os processos de negócio das empresas e mudando para sempre os hábitos de consumo. Hoje, além de "conversar " e acionar aplicativos de notícias, GPS, música ou de entregas por comando de voz utilizando assistentes virtuais como *Amazon Alexa* e *Apple Siri*, já é possível simular um "vendedor virtual" utilizando um "*chatbot*" integrado a aplicativos como o Facebook Messenger ou o WhatsApp Business, e definir para a área de marketing estratégias de otimização promocional e de CRM com a aplicação de algoritmos de inteligência artificial, que analisam bases de dados sofisticadas ("*big data*"), a partir dos hábitos de compra, navegação e pagamento dos revendedores e de seus clientes que compram pelas suas "lojas virtuais" - estabelecendo um processo preditivo de oferta com mais chances de conversão de vendas.

Esses são apenas exemplos de conceitos mais avançados, para os quais as empresas de Venda Direta devem preparar seus processos tecnológicos (e seu orçamento!), mas que estão além do investimento básico em sistemas e plataformas, que por muitos anos foi negligenciado, mas que agora é decisivo para manter uma operação de Venda Direta competitiva.
Por ordem de relevância, os sistemas e plataformas **básicos** para colocar em funcionamento um negócio de Venda Direta na segunda década dos anos 2000 são:

ERP: É inescapável que toda empresa organizada adote um sistema de ERP para administrar os processos internos críticos, existentes para todo negócio, de qualquer mercado.

O sistema de ERP (*Enterprise Resource Planning*) tornou-se um programa onipotente e onisciente, indispensável para as empresas que desejam funcionar de forma estável e estruturada.

É praticamente uma "commodity" tecnológica, e já existem até ERPs gratuitos, incorporando os recursos básicos necessários à operação, viabilizando o cadastro de produtos (SKUs, EAN), a gestão de faturamento, regras fiscais e tributárias, geração de guias de recolhimento e apoiando o planejamento mercadológico, compras, RH e muitos dos processos relacionados à logística.
Porém, uma operação de Venda Direta exige outros recursos sistêmicos que permitam administrar as diversas regras e diferenciais de gestão demandados exclusivamente em um negócio de Venda Direta, e que não existem em nenhum ERP.

Fatores críticos de sucesso de uma operação de Venda Direta precisam ser detalhadamente definidos, registrados, configurados e gerenciados diariamente pelas equipes de gestores comerciais (Força de Vendas, em modelos mono/binível e Líderes/patrocinadores no modelo de Rede) e por áreas como o Administrativo de Vendas, Marketing do Canal e Logística, de forma a criar um ciclo de feedback constante no processo de venda.

Para atender essas necessidades específicas, é indispensável a implantação de uma Plataforma de Gestão de Venda Direta, solução que será apresentada a seguir:

Plataforma de Gestão de Venda Direta: É o sistema dedicado aos processos críticos, que demandam recursos criados para a realidade e fluxo desse segmento, garantindo uma gestão profissional e estruturada de alguns itens como:

- Cadastro da Estrutura e Hierarquia Comercial: Como vimos no Capítulo 3, uma operação de Venda Direta, em qualquer um de seus modelos, é estabelecida a partir de uma hierarquia comercial. No caso de modelos mono/binível, aquele organograma da FV precisa ser cadastrado nesta plataforma, e os membros da Força de Vendas vinculados a cada nível dessa estrutura, à qual então será atribuída uma área de cobertura, e então definidas e gerenciadas suas metas x resultados, em tempo real, diariamente. Sendo um modelo multinível, esta plataforma permitirá que o cadastro de novos membros da rede ocorra sempre respeitando os vínculos entre o Líder indicante ou "patrocinador", e conforme características do Marketing de rede, como as regras de derramamento e compressão binária, calculando todas as regras de bonificação e comissionamento;

- Regras Comerciais: Esta plataforma receberá a parametrização das especificidades do modelo de Venda Direta, como valor do pedido mínimo do Canal, composição do kit inicial, valor de R$ por ponto (seja para campanhas em empresas mono/binivel, seja para gestão do Plano de compensação e qualificação dos modelos multinível). Estas especificidades impactam outros processos críticos relacionados à gestão e tomada de decisão, como as definições de metas, o composto promocional de cada mês, campanha ou ciclo, as ações sazonais de alavancagem de vendas, as ações de incentivo e de reconhecimento.

- Indicadores e Metas: O negócio de Venda Direta é orientado, por essência, pela cultura de Indicadores, como vimos no Capítulo 3, e, para os modelos com Força de Vendas, pela gestão de Resultados x Metas. As metas são geradas pela área administrativa e comercial a partir de análises históricas de resultados e projeção de valores almejados, conforme expectativa de Market share para determinados produtos e promoções. O sistema de gestão de Venda Direta deve permitir o "input" e o gerenciamento dinâmico dessas metas, disponibilizando *dashboards* (ou painéis de visualização gráfica) em aplicativos ou escritório virtual, contemplando não só a evolução das metas e resultados do ponto de vista dos líderes e FV em campo, mas também mediante extração de relatórios detalhados e consolidados para as áreas administrativas da empresa, que analisarão a performance de venda dos produtos, a evolução do canal e sua produtividade, conforme a estrutura comercial e o modelo da operação.

- Escritório Virtual (ou "EV"): Esse é um ambiente/ferramenta fundamental para os Líderes, Força de Vendas e Canal de uma operação atual de Venda Direta. No escritório virtual disponibilizado pela

Plataforma de Gestão VD, serão visíveis as parametrizações de Indicadores e metas, bem como será realizada a apuração diária e em tempo real dos resultados da equipe e da pessoa legada. Nesse ambiente também ocorrerá a principal forma de comunicação e relacionamento, como sinalizado no Capítulo 4, referente ao papel do marketing do canal, onde Canal e FV poderão acessar materiais de apoio em formato digital, tomar conhecimento de ações motivacionais e de reconhecimento e acessar links para vídeos e treinamentos, além de utilizar links para indicação de novos revendedores e para gerar pedidos de clientes em sua loja virtual. É também no Escritório Virtual que os líderes conseguem visualizar a hierarquia (ou "árvore") de suas redes.

- *Carrinho de Compra online do Escritório Virtual:* Além desses recursos citados até agora, um recurso essencial do Escritório Virtual (ou "EV") é o ambiente de compra online destinado ao canal autônomo: somente o carrinho de compras do Escritório Virtual de uma Plataforma de Gestão de Venda Direta é capaz de atender a realidade da venda direta, pois os pedidos do canal precisam obedecer a regras que inexistem no e-commerce do cliente final.

No "Carrinho de compras" do EV devem estar disponíveis os seguintes recursos, para suportar o processo de pedidos do Canal:

- configuração do índice de conversão de valor em moeda por valor em pontos
- parametrização de desconto de lucratividade do canal (que é o desconto aplicado sobre o preço do consumidor final, que o canal geralmente chama - erroneamente – de "lucro")
- cadastro de regra de pedido mínimo
- cadastro de regra de primeiro pedido com kit inicial (ou "*business pack*" multinível)
- configuração das regras de promoções vinculadas a indicadores e papel de qualificação do revendedor logado

- configuração das promoções "*cross-sell*" e "*upselling*" exclusivas do canal, disponíveis no carrinho de compras online do canal
- processo de compra online "expressa", permitindo que o revendedor monte seu pedido online informando apenas o código do produto e sua quantidade, já que os revendedores conhecem o código dos produtos (em paralelo à opção de navegação convencional pelo menu de categorias, similar ao e-commerce dos clientes finais)
- configuração de kits, kits-início e kits de ativação multinível
- aplicação de valores de saldo de bonificação ou de vouchers para pagamento de pedidos cômputo de pontuação dos pedidos feitos nesse carrinho conforme regras do modelo de Venda Direta para gestão da Rede no escritório virtual e apuração dos bônus e comissões de líderes
- gestão em tempo real de BI dos pedidos e KPIs da compra online feita nesse carrinho, para o painel de controle da Força de Vendas e cálculo dos prêmios da Força de Vendas do Escritório Virtual
- segmentação da exibição de banners e apelos do carrinho de compras, conforme o perfil ou papel no plano de qualificação do revendedor logado

Integração aos demais sistemas: Como veremos neste capítulo, além desta plataforma dedicada à gestão da Venda Direta especificamente, existem outros sistemas necessários à operação, como o ERP, o e-commerce, o CRM ou automação de Marketing, e eventuais aplicativos "*private label*" desenvolvidos para a empresa.

Esta plataforma tem que estar preparada para integrar-se a todos os demais sistemas da operação, para viabilizar uma gestão inteligente desse negócio. Seja pela capacidade do fornecedor customizar essas integrações, seja por adotar uma arquitetura baseada em APIs que "falam" com outros sistemas, é uma condição indispensável para tal plataforma.

Estes seis fatores, por si só, já delineiam a importância de adotar um sistema de gestão especializado, que vai além dos conceitos padronizados inerentes a um sistema de ERP, pois cada empreendimento de Venda Direta tem seus diferenciais e peculiaridades operacionais, que somente tais plataformas poderão explorar corretamente, para garantir sucesso ao negócio. É preciso de tais sistemas para combinar regras comerciais e modelos - os quais, muitas vezes, evoluem e transformam-se ao longo da história da empresa como consequência de processos de "tentativa e erro" adotados na estruturação inicial da operação.

Em relação aos demais sistemas necessários além do ERP e da Plataforma especializada em VD, em uma operação multicanal (independente da capacidade de transpor o desafio de evoluir para ser *omnichannel*, como citado no Capítulo 2), atualmente é impensável não dispor de uma plataforma de e-commerce. No entanto, quando existe nesta operação também o canal de Venda Direta, é fundamental entender a diferença entre o público consumidor final e o público canal de Venda Direta, para entender e gerenciar corretamente a adoção do sistema de e-commerce em sua operação.

E-commerce: Em uma operação de Venda Direta, aconselhamos não confundir "venda online" com "e-commerce". O ideal seria "batizar" a venda online para o cliente final como "e-commerce", diferenciando-a claramente da compra e dos pedidos online feitos pelo canal em seu Escritório Virtual.

Isso ajudaria inclusive a área de marketing nas ações de marketing digital, que usa estratégias relacionadas ao funil CRM em seu fluxo de automação de marketing, focadas na jornada de engajamento e conversão do cliente final - que é diversa da jornada do Canal. As plataformas de e-commerce, via de regra, não estão preparadas para gerenciar a realidade demandada pelo comportamento online do Canal (reiteramos o que foi listado nas funcionalidades demandadas do carrinho de compras do Escritório Virtual, neste mesmo capítulo). Assim, como as peculiaridades da compra online do canal de venda direta não são atendidas por uma plataforma de e-commerce, também algumas características inerentes à gestão do marketing digital para clientes finais só estão disponíveis em plataformas de e-commerce (como, por exemplo, "pixelizar" as páginas do carrinho de compras para gerenciar links de campanhas online em plataformas dedicadas, e gestão de abandono de carrinho, que é um indicador clássico relacionado ao comportamento de compra de quem navega por menus até encontrar o que deseja).

Aplicativos: Vem surgindo uma tendência de algumas empresas desenvolverem aplicativos "prívate label", ou com "marca própria " para empoderar suas equipes de venda (FV, Líderes e canal de revendedores).

Nesses aplicativos, as empresas buscam reforçar seu relacionamento com esse público, divulgando informações restritas em forma de "*push*", distribuindo conteúdo de treinamento e criando ferramentas exclusivas para maximizar as vendas (agendas para planejamento, links de venda de "loja virtual" para serem enviados via integração a apps de mensagem aos clientes, links para indicação de novos revendedores, carrinho de compras do canal junto à empresa, recursos de gestão do cadastro de clientes e acompanhamento do histórico de compras do canal). Tais "*apps*" também apresentam painéis de gestão "B.I." para líderes multinível e membros da Força de Vendas mono/binível.

Criar seu próprio aplicativo para oferecer tais recursos é um investimento que deve ser muito bem analisado, uma vez que a grande maioria desses recursos já existe nas versões responsivas de Escritório Virtual das principais plataformas de gestão especializadas em Venda Direta. Caso a empresa opte por desenvolver um aplicativo proprietário, será mais um item ao qual os demais sistemas precisam integrar-se para receber informação e também enviar. Desenvolver um aplicativo próprio faz mais sentido quando a empresa planeja incorporar recursos muito específicos e que serão um diferencial competitivo nas mãos do canal, como funcionalidades que não existem nas versões padrão das plataformas, como biometria, gestão de agenda, integração com agenda de contatos, reconhecimento facial, upload de documentos de cadastro por escaneamento, leitura de *QR codes* e integração com outros aplicativos sociais.

LMS ("*Learning Management System*"): Algumas empresas implantam uma plataforma de EAD para poder gerenciar com excelência o processo de capacitação de seu canal.

Essas plataformas permitem um processo muito mais sério e estruturado de administração da geração de conteúdo de treinamento, publicação, aplicação do ciclo de aprendizagem em formatos adequados ao processo de educação à distância, tabulação e geração de certificados, assim como o uso das avaliações dos formulários e cursos online dos usuários dessa plataforma em conjunto com regras de evolução em planos de carreira ou "gameficação". Afinal, "Ensino à distância" é um conceito muito mais complexo e amplo do que fazer upload de arquivos PDF ou PPT em um diretório, e divulgar links de vídeo do canal Youtube da empresa. Estas são formas simples de disseminar conhecimento, que acabam por demandar mais trabalho das áreas internas para administrar o pro- cesso de capacitação. De qualquer forma, vale também a ressalva da necessidade de integrar o EAD da empresa aos demais sistemas.

WMS ("*Warehouse Management System*"): Como mencionado no início deste capítulo, muitas plataformas de ERP e de Gestão de Venda Direta incorporam recursos voltados à gestão de processos básicos de logística e faturamento.

Porém, empresas com uma operação de armazém mais complexa e estruturada, com automações, linha de separação robotizada e outras práticas de excelência nesse fluxo podem necessitar implantar um sistema de WMS dedicado à sua gestão logística. É muito comum também que a empresa contrate um operador e parceiro logístico terceirizado, que já disponha de seu próprio WMS, e então precisará integrá-lo aos demais sistemas legados da empresa.

Como em todo processo envolvendo sistemas de informação, e à parte os problemas de qualidade e suporte, a dificuldade na operação das interfaces e a resistências dos usuários-chave dentro da empresa são as principais causas de fracasso na utilização de sistemas voltados à gestão de modelos de Venda Direta. Esse fracasso, mais do que o mero abandono da "ferramenta" e as perdas do investimento decorrentes da não adoção de um sistema, pode impactar de forma traumática na dinâmica e na velocidade de evolução dos resultados do negócio, abrindo espaço precioso para a concorrência.

Portanto, dentre as diversas providências a serem consideradas pelos empreendedores na estruturação de um negócio de Venda Direta, já não basta ater-se às definições de marketing de produtos, terceiristas encarregados da produção, contratações de gestores, investimentos na infraestrutura e logística, e os inevitáveis mecanismos de captação de canal - Além do ERP, do e-commerce, da plataforma de automação de marketing para gerenciar o funil CRM há que se levar a sério a adoção de um sistema de apoio à gestão da operação VD, que possibilite administrar as especificidades de um negócio de Venda Direta. Esse sistema deve ser adquirido de uma empresa sólida e com bom histórico no segmento de Venda Direta, de forma a valorizar todo o es- forço e investimento nos demais assuntos listados até aqui.

Uma ressalva importante relativa à Plataforma de Gestão da Venda Direta, segundo tipo de sistema citado neste capítulo: não é recomendado "reinventar a roda" contratando uma *software house* para desenvolver algo próprio, e muito menos agregar processos fora do *core-business* da sua empresa encomendando o desenvolvimento de tal sistema para a área de TI de sua empresa. Será um trabalho sem fim e que consumirá mais recursos que a contratação de um sistema maturado no mercado.

Outro gerador de problemas relacionados aos sistemas e plataformas é a inexistência de uma pessoa ou equipe de pessoas capacitadas na operação destes sistemas, que tenham conhecimento não apenas dos recursos e do funciona- mento destes sistemas, mas também do negócio em si. Um gestor responsável, fazendo essa ponte entre TI e Comercial, é um requisito fundamental para que os recursos dos sistemas possam ser aplicados de forma inteligente e eficaz a favor das regras comerciais da operação VD, reduzindo a contratação de customizações e implementações ao sistema, que acabam gerando uma ideia distorcida de que tais sistemas são caros ou ineficientes.

Resumindo, a chave na contratação eficiente destas soluções e a maximização de sua utilização nos processos de uma empresa de Venda Direta está em (antes de qualquer movimento) ter uma visão antecipada da abrangência esperada dessas soluções dentro de seu negócio e de realizar o levantamento criterioso das soluções disponíveis no mercado. Cumpridas estas duas condições, será possível partir para uma negociação transparente e rigorosa dos entregáveis esperados do sistema a ser adquirido, e entendendo desde o início a necessidade de integrá-los. Definidos os sistemas e entendida sua integração, o foco deverá por fim estar na alocação de pessoal capacitado na operação desse cenário tecnológico, com conhecimento efetivo do Negócio.

Os requisitos de segurança de servidores e da rede corporativa, e procedimentos relativos a hospedagem de site, adoção de anti-vírus, contratação de provedores e plataformas de email dos usuários corporativos, gestão de contas de email e registro/manutenção de domínios de internet são processos funda- mentais que a área de TI de qualquer operação minimamente organizada gerencia, portanto, não é um detalhe exclusivo da Venda Direta e não precisa ser objeto de nossa abordagem neste livro.

Mas cabe chamar a atenção para dois temas importantíssimos, que não são exclusividade das operações de Venda Direta, mas podem dar muita dor-de- cabeça para o gestor ou para sua área de TI. Primeiro, o registro de domínio da empresa, ou de sua operação de venda direta. Esse domínio (ou "URL"), "www.algumacoisa.com.br", além de ser o seu endereço digital, que deverá ser divulgado para efeito de marketing e acesso do canal e dos clientes, também tem uma importância técnica, que muitas empresas tratam de maneira trivial, deixando que o fornecedor de sistemas, ou a empresa que vai cuidar do site ou do e-commerce faça o registro e cuide desse domínio.

Não raro, quando as empresas começam a evoluir em suas operações e contratam sistemas mais sofisticados, integrando suas diversas plataformas para estruturar-se técnicamente, passam a precisar resolver questões como adquirir e instalar certificações de segurança para seus servidores, criar endereços de subdomínios para hotsites ou *landing pages* necessárias à área de Marketing Digital, adotar endereços e provedores de email mais confiáveis e estáveis, configurar URLs para Escritórios Virtuais do Canal e da Força de Vendas... E nesse momento, poderão ter dificuldades na gestão desses processos se não estiverem em poder de seus domínios, nem administrarem os processos relativos a esse assunto estratégico, e que deveria ser somente de seu interesse e gestão. Além do desgaste no processo, tentar obter o controle de seus domínios e entender o cenário de web criado pelo fornecedor pode gerar custos adicionais não-previstos.

O outro tema envolve penalidades e multas pesadas caso a empresa não esteja devidamente amparada no aspecto jurídico referente à sua comunicação digital: o impacto da recente **LGPD** - Lei Geral de Proteção de Dados, para os processos de Segurança da Informação, marketing digital, Termos de Uso e Política de Privacidade praticados e divulgados pelas empresas, para seu canal e seus clientes de e-commerce.

Já estamos diante de um cenário cada vez mais digital na gestão do cadastramento de revendedores. Estes utilizam escritórios virtuais, aplicativos e lojas online providas pelas empresas, nos quais também se utilizam processos de email marketing e se promove o cadastramento para acesso e recebimento de "n*ewsletters*", blogs e boletins, e multiplicam-se as ofertas de fidelização a partir de processos de engajamento nas redes sociais da empresa e do canal. Nesse contexto, é urgente que as empresas contratem os serviços de escritórios jurídicos especializados na aplicação das regras e no "*compliance*" da empresa à LGPD, para eliminar qualquer risco de multa e reações indesejáveis dos públicos com os quais as empresas de Venda Direta estabelecem relacionamentos no ambiente digital.

Por fim, é importante comentar que em nenhum momento tratamos dos custos dos investimentos relativos aos sistemas, pois priorizar essa variável ou colocá-la como condicionante, à frente da estratégia, das necessidades da área administrativa ou dos recursos é o principal fator de fracasso na adoção desses softwares. Na anatomia do negócio, é como colocar em primeiro lugar o menor custo de tratamento ou do hospital, em detrimento de sua eficácia e qualidade para a cura do organismo.

ANATOMIA DE UMA OPERAÇÃO DE VENDA DIRETA

CAPÍTULO 8: O SANGUE DO NEGÓCIO (PORTFÓLIO DE PRODUTOS)

ANATOMIA DE UMA OPERAÇÃO DE VENDA DIRETA

ANATOMIA DE UMA OPERAÇÃO DE VENDA DIRETA

A Venda Direta sempre notabilizou-se por sua versatilidade, revelando-se desde sempre um modelo altamente flexível para viabilizar a comercialização de praticamente qualquer item - tangível ou intangível.

No momento em que este livro está sendo escrito, a segmentação de produtos comercializados no mercado brasileiro de Venda Direta é a seguinte:

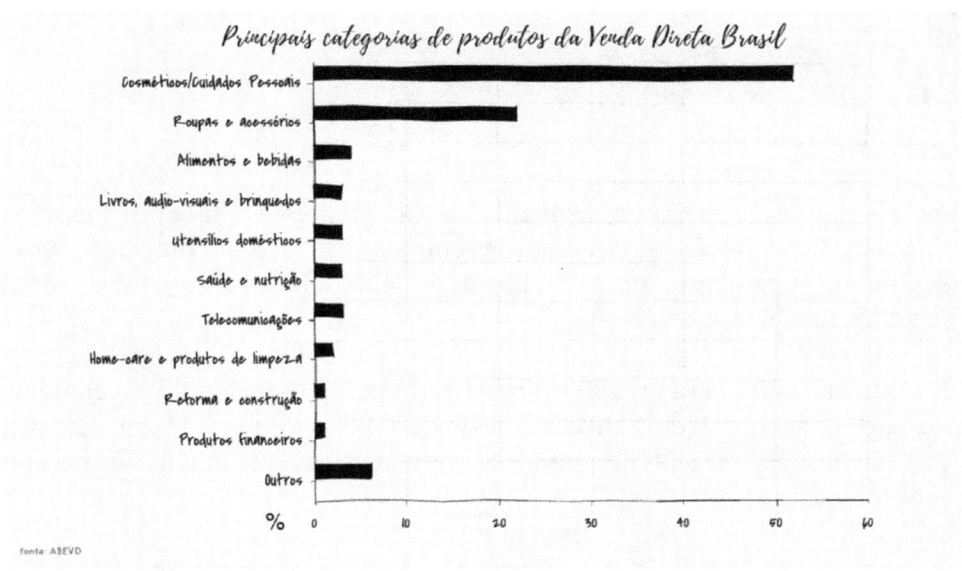

Historicamente, o segmento de Cosméticos e Cuidados Pessoais sempre foi predominante, refletindo o segmento de atuação das empresas pioneiras na introdução da Venda Direta no país, e a aderência tradicional das mulheres ao modelo, ainda que atualmente já tenhamos uma composição bem mais equilibrada, como vimos no gráfico de canal do Capítulo 5.

O gráfico a seguir apresenta uma visão atualizada, em 2020, dos impactos da pandemia do COVID-19 nas principais subcategorias de Cosméticos e Cuidados Pessoais na Venda Direta nacional:

ANATOMIA DE UMA OPERAÇÃO DE VENDA DIRETA

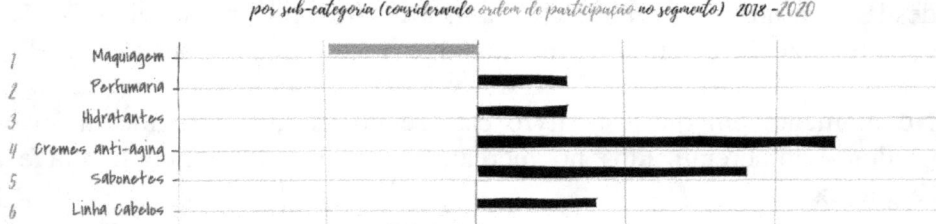

Essa alta concentração no segmento de Cosméticos e Cuidados Pessoais também torna mais desafiadora a entrada de novos "players" desse segmento para competir pelo canal e pelos clientes cativados pelos concorrentes já estabelecidos.

O segmento que vem crescendo mais fortemente e ganhando percentuais de participação é o de Saúde e Nutrição, ou "*wellness*" (4% no Brasil), impactado pela atuação de empresas emblemáticas que atuam no modelo multinível.

No cenário da Venda Direta internacional, esse segmento, puxado pelas empresas do modelo multinível, registra participação maior do que no cenário brasileiro, como pode ser visto no gráfico a seguir:

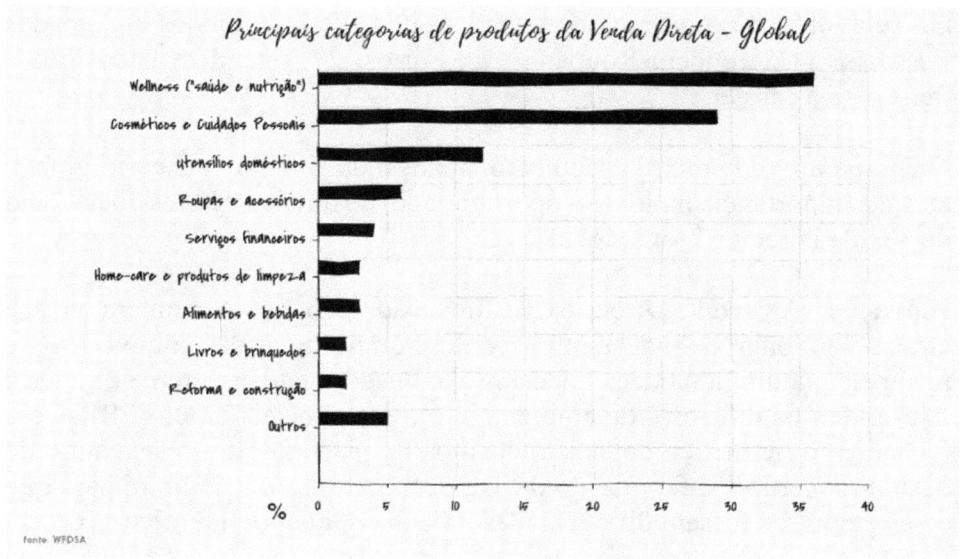

Globalmente, "*Wellness*" é o primeiro segmento, com 36%, ficando Cosméticos e Cuidados Pessoais em segundo lugar, com 29 % de *share* na Venda Direta global.

Considerando o percentual de penetração dos segmentos de produto na atuação do canal, temos o seguinte cenário:

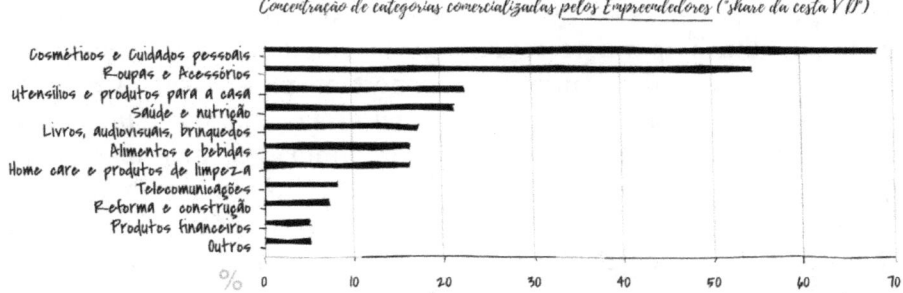

Ou seja, 68% dos entrevistados vendem itens de Cosméticos e Cuidados Pessoais, 54% vendem Roupas e Acessórios, 22% vendem Utensílios e itens para a casa etc...

O comparativo de mix do segmento, analisando Brasil e o cenário global, atesta a importância maior (e a oportunidade) de um dos vetores do negócio de Venda Direta: a inovação.

Inovação: A Venda Direta exige inovação. É o que a mantém viva e atraente ao longo de mais de um século. Foram inovações como o uso de refil pela Natura já na década de 1980, o desodorante em creme da Pierre Alexander, os difusores de ambiente e óleos essenciais da dōTERRA e o fechamento hermético de seus utensílios de plástico ultra-resistente e de design moderno e diferenciado da Tupperware que contribuíram para que essas empresas fossem diferenciadas e fizessem história no mercado.

Hoje, a inovação não deve permear apenas o desenvolvimento de produtos (há players no mercado brasileiro que chegam a lançar anualmente mais de 200 novos produtos, arejando seu portfólio e turbinando a dinâmica promocional que mobiliza o canal e os clientes, dada a competividade do segmento), mas também os processos tecnológicos e as estratégias que empoderam o canal devem ser fatores orientados pela inovação.

Como será abordado no Capítulo 10, dedicado à evolução impulsionada pela tecnologia, veremos que recursos como os aplicativos e as redes sociais são outro importante ponto de inovação na Venda Direta, aliado à inovação em produtos cumprindo um importante papel no atual cenário de consumo: aproximar a empresa e o canal do consumidor. Nunca houve tantos consumidores com expectativa de proximidade com as marcas como hoje. As redes sociais e o cresci- mento da importância dos "*influencers*" atestam essa característica do novo consumidor, o que deve fazer com que as empresas de Venda Direta fomentem e assumam o papel de "micro-influenciadores " de seu canal, que sempre atuou como tal - somente não havia ainda esse personagem, como o conhecemos hoje.

Temos então um cenário que sinaliza o que uma operação de Venda Direta deve focar hoje, para desenvolver um portfólio de produtos promissor:

- **Variedade** - o ideal para iniciar um negócio é ter pelo menos 5 ou 6 categorias, e um mínimo de 60 a 80 SKUs;

- **Qualidade x Preço** - "qualidade" nos produtos deixou de ser um diferencial, já é praticamente uma commodity. Há pessoas que ainda imaginam que o sucesso das empresas que fazem da Venda Direta brasileira a 6ª maior do mundo, movimentando R$45 bilhões, está apenas no seu marketing, nas ações de branding e engajamento em sustentabilidade e ações sociais, como fazem, apenas para citar alguns exemplos mais notórios, Natura, Avon, O Boticário e Mary Kay. Porém, todas essas empresas entregam primeiramente produtos com qualidade a seus clientes. O canal está seguro em abordar um cliente e oferecer esses produtos, porque sabe que sua reputação como revendedor não será afetada negativamente por oferecer produtos de má qualidade, ou sem performance, ou de apelo mercadológico sem fundamentação técnica. Em relação ao preço, vale essa mesma reflexão e cuidados, pois na Venda Direta canal e clientes reagem muito rapidamente às consequências de um *pricing* equivocado, que em geral é reflexo de uma cadeia de valor mal-gerenciada, como citamos no [Capítulo 1](#));

- **Ciclos dinâmicos de inovação e de vida dos produtos** - lançar produtos novos ao longo do ano, incrementando extensões de linha, trazendo novidades em formulações, formas de uso, matéria-prima e princípios ativos, embalagem, para gerar pauta e apelos do "Catálogo " (virtual ou físico), que deve trazer novos motivos de venda a cada mês, ciclo ou campanha - o sangue não pode parar de circular no organismo!

- **Engajamento nas tendências de consumo do século XXI** (consumidores que estão em busca de produtos que não agridam o meio ambiente em sua com posição e embalagem, que sejam "refiláveis", biodegradáveis, recicláveis e de baixíssimo rastro de carbono, que tragam bem-estar e promovam um estilo de vida mais saudável - entre outras expectativas relacionadas à sustentabilidade e respeito ao planeta). Esse apelo encontra cada vez mais eco - não apenas nos consumidores, mas no próprio canal, que deseja aliar-se a Marcas com propósito, levando vantagens, inovação para os consumidores, mas ajudando a tornar melhor o mundo em que todos vivemos.

Falando de oportunidades inexploradas: Ao analisar a segmentação de produtos da Venda Direta, alguns empreendedores visionários podem identificar oportunidades, planejando ingressar com uma operação buscando seu "oceano azul", seja com produtos físicos, ou mesmo com serviços, como é crescente no cenário mundial. E isso é possível: fica claro antever oportunidades de nichos e segmentos ainda inexplorados ou pouco explorados, dada a concentração no segmento de cosméticos e cuidados pessoais do mercado brasileiro.

Para esses empreendedores visionários, o maior ponto de atenção reside em analisar a viabilidade, ou contratar um projeto de viabilização de seu portfólio de produtos ou serviços, processo no qual será analisado criteriosamente o potencial de aderência de seu produto à realidade da Venda Direta e as eventuais ameaças à operação, para que ela atinja o "*compliance*" necessário.

Em geral, o portfólio de produtos é o aspecto que recebe mais atenção (e investimentos) dos empresários que desejam iniciar uma operação de Venda Direta buscando bons fornecedores, identificando tendências nas matérias-primas e ativos, procurando novas soluções de embalagem, uma rotulagem atraente e que reflita o *branding* da empresa, boas formulações, decidir se terceiriza ou produz, descobrindo novos serviços que são tendência... Mas assim como um organismo não vive apenas por ter pulmão (canal), sabemos que sem sangue circulando esse organismo não está vivo - mas o fato de ter um sistema circulatório bombeando sangue também não estabelece um organismo completo e vivo. Sua sobrevivência depende da sinergia e simbiose entre todos os órgãos. Uma empresa com bons produtos não sobrevive na Venda Direta sem o canal... e empresas com um canal com boas regras de remuneração, um bom modelo e um excelente marketing não sobrevivem sem bons produtos.

ANATOMIA DE UMA OPERAÇÃO DE VENDA DIRETA

ANATOMIA DE UMA OPERAÇÃO DE VENDA DIRETA

CAPÍTULO 9: OS MEMBROS INFERIORES DO NEGÓCIO (LOGÍSTICA)

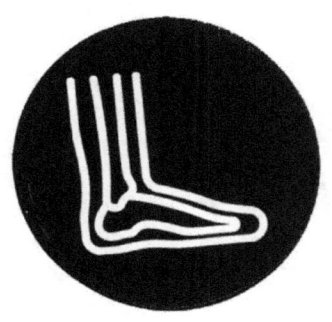

Logística

"A linha entre a desordem e a ordem está na logística ..."

— Sun Tzu

ANATOMIA DE UMA OPERAÇÃO DE VENDA DIRETA

ANATOMIA DE UMA OPERAÇÃO DE VENDA DIRETA

Comparamos a logística do negócio de Venda Direta à mobilidade garantida a um organismo por seus membros inferiores - as pernas e pés. Assim como a ausência destes membros condena um organismo à dificuldade de locomoção ou à imobilidade, problemas que até podem ser contornados, mas com muito esforço e sofrimento, igualmente os problemas na gestão dos processos de entrega dos pedidos expressam essa mesma sensação para clientes e principalmente para o canal, público formador de opinião e com quem a relação nesse quesito deve ser impecável.

A logística de uma operação VD atual, além de absolutamente atenta e preparada para o desafio da *omnicanalidade*, deve estar conectada com as peculiaridades da Venda Direta em si, pois quando envolve atender o fluxo de processamento dos pedidos do Canal, que é quem posteriormente levará os produtos aos clientes, a área de logística da empresa deve respeitar e atender (ou melhor, exceder) as expectativas desse público.

As principais premissas que devem ser entendidas e levadas em consideração na busca da excelência logística na Venda Direta são:

- Respeito ao Prazo: O fluxo de Venda Direta chamado de "*maíl plan*", no qual existe uma data específica para entrega dos pedidos, pelos revendedores diretamente a um membro da Força de Venda em reuniões ou plantões de venda, que pressupõe todo um calendário de entrada dos pedidos no processo de faturamento e separação da empresa, e de um calendário de despacho e entrega para os revendedores, distanciou-se muito da realidade esperada pelos atuais consumidores.

Um canal que depende desse processo está a cada dia mais vulnerável à concorrência dos novos processos de venda, e praticamente não consegue competir com o e-commerce. O "*maíl plan*" é flagrantemente um modelo que privilegia a empresa e sua operação, em detrimento da qualidade no atendimento ao canal e às expectativas de excelência do cliente final.

Mesmo havendo empresas que ainda submetem o canal a esse calendário operacional engessado, que impacta o atendimento ao cliente final, felizmente ainda perdura a preferência de muitos clientes pelo diferencial de atendimento prestado pelos empreendedores dessas empresas de Venda Direta.

Sendo assim, fica patente o quanto a dinâmica desse processo exige que os pedidos do Canal sejam atendidos no menor prazo possível: Os revendedores/ empreendedores autônomos geralmente adequam seu "ciclo" de pedidos ao contato com os clientes, quando farão a coleta de um novo pedido, seja ampliando venda, apresentando um lançamento ou buscando reposição junto aos clientes, conforme as entregas que combinam com eles - até por uma questão de contornar eventuais restrições orçamentárias, tanto dos clientes como as suas próprias.

Ainda que, no cenário criado a partir da pandemia do COVID-19, as novas tecnologias passaram a ser mais largamente utilizadas na Venda Direta, e a disponibilidade de catálogos virtuais (*online/offline*) permite que os revendedores divulguem esses catálogos para seus clientes via aplicativos e email, sem precisar mais usar o momento da entrega dos produtos aos clientes como pretexto para o revendedor apresentar as novidades aos clientes, estes continuarão resistindo a efetuar uma nova compra enquanto o revendedor não tiver entregue seu pedido anterior.

Se a empresa adota processos como o e-commerce comissionado (ou "venda direta por intermediação") no qual a empresa fatura, separa e entrega diretamente ao cliente um pedido feito por este na "loja virtual" do revendedor que o atende, então a eficiência no cumprimento dos prazos de entrega direta aos clientes torna-se ainda mais crítica, pois a ineficiência logística da empresa pode afetar a confiança do cliente no revendedor, que aos olhos do cliente representa a empresa, levando à perda do cliente, sem que o canal tenha nenhuma culpa por isso.

Esse cenário torna altamente recomendável que a empresa atuante na Venda Direta não apenas monitore com rigor seus processos internos e engaje sua equipe da área de logística em aprimoramento contínuo, mas também certifique-se que está contratando parceiros de transporte com experiência em entrega fracionada (pedidos em várias caixas).

Custos da entrega: Diante do contexto de custos com frete cobrados nos pedidos dos clientes do e-commerce, é interessante analisar que as empresas de venda direta tradicionalmente não cobram o frete do canal de empreendedores, incorporando-o no custo do produto - o que se reflete em custos mais "confortáveis" para os clientes desse canal e, inclusive, viabiliza as diversas alternativas de flexibilização comercial praticadas entre o canal e seus clientes. Porém, é mais um desafio a ser devidamente contemplado na Cadeia de Valor da operação.

- Respeito à composição do Pedido: No caso do atendimento aos pedidos dos revendedores, é fundamental saber que, em média cerca de 79% do canal autônomo atuante na Venda Direta constitui " pronta-entrega", ou seja, tem um estoque próprio para atender os pedidos de seus clientes. Por isso, a empresa deve garantir o atendimento do pedido dos revendedores em sua completude, pois muitos empreendedores (pelo menos 21%...)

efetuam seus pedidos conforme recebem as solicitações de seus clientes - muitas vezes, no momento em que estão apresentando o catálogo (pessoal ou remotamente).

Há que se considerar ainda que, muitas vezes, o revendedor já recebeu o pagamento pelo produto que o cliente pediu e que está incluído em seu pedido feito à empresa. Imagine o grau de frustração e, muito pior, de desgaste na relação entre canal e cliente quando a empresa não consegue atender o pedido do revendedor... E é importante registrar quão crítico é contratar um parceiro transportador de confiança e com processos estruturados na gestão de ocorrências e "sinistros" no processo de entrega, assim como na garantia de "não-violação" das caixas transportadas - fatores que também decorrem em entrega de pedidos incompletos e que originarão chamados de logística reversa (devolução, trocas) - mas cuja pior consequência é a insatisfação que faltas e atrasos criam para os clientes do canal autônomo.

- Fatores relacionados ao pagamento: A empresa precisa ter segurança em relação à gestão automática dos processos relacionados ao pagamento dos pedidos. A operação não pode atrasar por conta de pendências relativas à conciliação bancária de títulos "pós-pagos " (como boletos a vencer - caso sua operação tenha decidido adotar esse meio de pagamento), bem como não deve permitir faturamento e envio de pedidos cujo pagamento não tenha sido confirmado (retorno das operadoras de cartões e conciliação bancária dos boletos pré-pagos). Esse fator não pode ser negligenciado, pois além de envolver uma grande quantidade de revendedores e seu volume de pedidos, a gestão de pontuação ou crédito disponível para novos pedidos precisa ser eficiente, pois influencia a capacidade de colocação de novos pedidos pelo canal e regras de qualificação do canal, plano de carreira de líderes e FV, apuração de campanhas etc.

Estes fatores deixam clara a importância da área operacional da empresa que atua na Venda Direta (ou que tem Venda Direta em sua multicanalidade) trabalhar de forma integrada, envolvendo as demais áreas-chave que impactam a excelência logística.

ANATOMIA DE UMA OPERAÇÃO DE VENDA DIRETA

Em uma empresa que não tem fábrica própria, por exemplo, essa integração envolve a área que dá entrada nos produtos da empresa terceirizadora nacional ou importadora, a quem cabe executar o controle de qualidade para evitar faltas decorrentes de não-conformidades e a gestão do estoque, onde erros podem ser fatais para a saúde financeira da operação. Aliados à armazenagem, esses processos impactam a eficiência na separação, que deve adotar as melhores práticas nos métodos de "pícking' para atendimento dos pedidos dos empreendedores autônomos. As melhores plataformas de gestão de Venda Direta incorporam alguns recursos que auxiliam na gestão eficiente deste pro- cesso, mesmo não sendo um WMS completo (*Warehouse Management System*), o que nem sempre é necessário, dependendo do tamanho da operação de Venda Direta.

- Logística reversa: Como citado anteriormente, caixas com produtos faltantes ou avariados e não-entregas decorrentes de acidentes, roubos ou outros sinistros originam ocorrências que disparam os processos de logística reversa no atendimento ao canal autônomo (já que depois de entregue por estes a seus clientes, eventuais problemas devem ser resolvidos entre o cliente e o revendedor que o atendeu - cabendo aqui, ressaltar a aplicabilidade da legislação do Código do Consumidor vigente, e entender o que cabe à empresa cumprir em relação a seu canal, e o que cabe ao revendedor, em relação a quem comprou desse canal).

A empresa deve definir as regras de recebimento ou coleta do pedido do revendedor que originou a ocorrência, sendo que algumas empresas utilizam até a atuação dos membros da Força de Venda como auxiliares nesse processo de recebimento de pedidos devolutos.
Deve-se avaliar a possibilidade de integrar tais processos ao fluxo e sistema de gestão do parceiro transportador e procurar automatizar e normatizar tais regras em seu processo interno, inclusive estimando o "peso" dos custos de tais processos da logística reversa em sua cadeia de valor.

Estes cuidados garantirão a plena mobilidade deste organismo, permitindo que ele continue a movimentar-se no ritmo e na velocidade exigida pelo canal e seus clientes.

ANATOMIA DE UMA OPERAÇÃO DE VENDA DIRETA

CAPÍTULO 10: OS SUPLEMENTOS E PRÓTESES DO NEGÓCIO (INTERNET E FERRAMENTAS DIGITAIS)

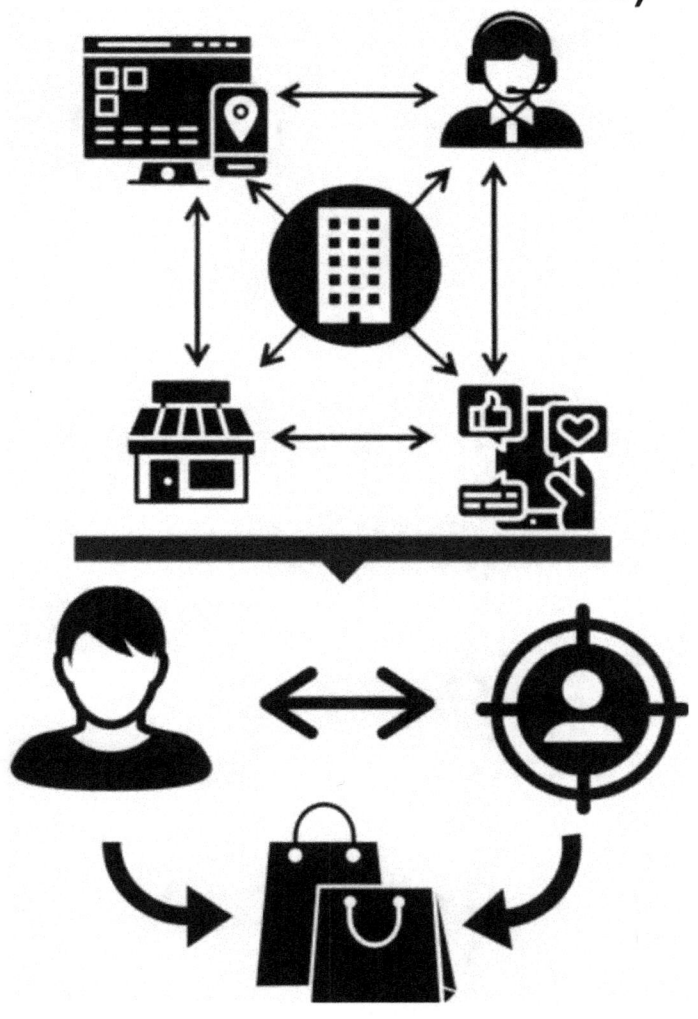

ANATOMIA DE UMA OPERAÇÃO DE VENDA DIRETA

Neste capítulo, dedicado a abordar como a Venda Direta evoluiu neste século, compararemos os recursos proporcionados pela tecnologia e a internet para um negócio, aos suplementos vitamínicos que "turbinam" e potencializam o metabolismo do organismo, e também às próteses, que compensam, repõem ou aprimoram o seu funcionamento original.

Muitas pessoas acreditaram que ferramentas como a internet, os aplicativos e o e-commerce fariam a Venda Direta desaparecer como modelo de comercialização. Com as restrições de convívio e mobilidade impostas pela pandemia do COVID-19 no início de 2020, essas pessoas passaram a ter ainda mais certeza de tal pensamento.

Porém, é importante saber que, desde o final da década de 1990, quando a internet começou a ocupar cada vez mais espaço no cotidiano, os negócios de Venda Direta mantiveram-se em crescimento globalmente, e cumprindo não apenas sua essência de atender a expectativa de oferecer uma oportunidade concreta de trabalho autônomo, com ganhos reais e liberdade de atuação para pessoas com perfil empreendedor, como ainda confirmando seu diferencial de atender as necessidades de conveniência, flexibilidade, relacionamento e apoio de venda consultiva e empática manifestada pelos clientes.

Como vimos no capítulo dedicado ao perfil de comercialização do Canal, a internet vem aumentando sua participação como meio de concretizar as vendas desse canal, e com grande aceitação dos clientes finais. Nesse cenário a partir da pandemia, o processo que era considerado "antigo" tornou-se vanguarda, e ajudou de maneira substancial nos resultados das empresas de Venda Direta durante a pandemia e diante da retração geral das vendas. Ao assumir sua essência e DNA "social", o canal de Venda Direta se fortaleceu e acelerou a adoção dos recursos tecnológicos disponíveis, para viabilizar suas vendas pelos meios digitais, mantendo a relação com os clientes e sua proximidade com as marcas.

Os gráficos abaixo refletem como está, na realidade atual, o cenário de adoção e efetividade das vendas digitais dos empreendedores da Venda Direta. Vemos que a internet já representa o terceiro lugar, com mais de

20%, e sabemos que essa participação cresceu muito durante a pandemia de 2020, sendo esse acesso digital entre canal e cliente um processo irreversível:

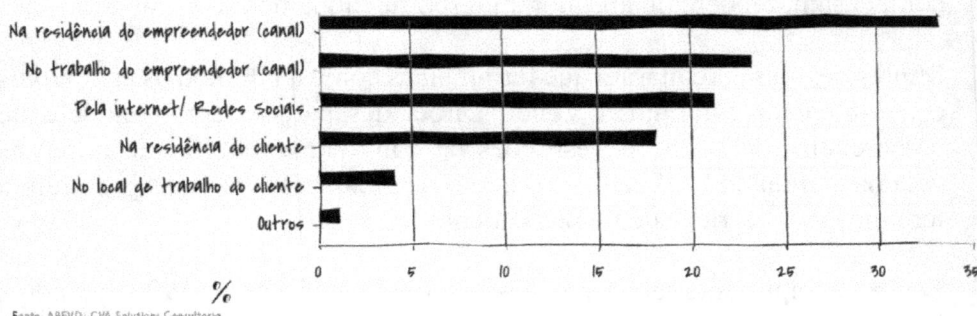

Fonte: ABEVD: CVA Solutions Consultoria

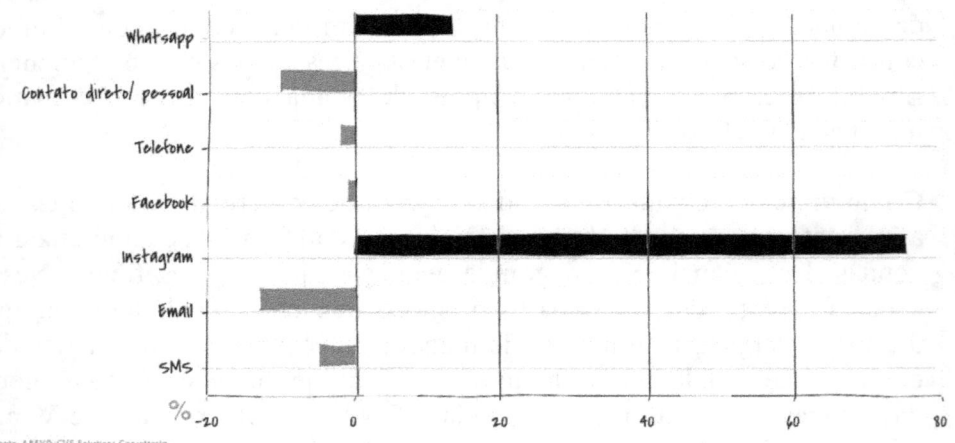

Fonte: ABEVD: CVS Solutions Consultoria

Conceitos muito utilizados e disseminados atualmente, como venda personalizada, conveniência no atendimento, "*social commerce*" - são elementos que estão no DNA de todo negócio de venda direta desde seus primórdios, na virada do século XIX para o século XX. Como mencionamos no Capítulo 8, ao abordar a essência de inovação que deve mover todo negócio na Venda Direta, a necessidade de colocar o relacionamento com o cliente em primeiro lugar, que notabiliza nossa época, sempre permeou os princípios da Venda Direta. É fascinante constatar como um processo como a Venda Direta não apenas se manteve atual, ao longo de mais de um século de existência, como ainda assimilou e incorporou os avanços da Transformação Digital, como a internet, os aplicativos, o e-commerce e as redes sociais, como o que de fato são: ferramentas de inovação, que permitiram ao processo da Venda Direta reinventar-se e continuar fazendo parte da vida de empreendedores e clientes, com mais força e consistência, ampliando as oportunidades de negócio para quem vende e as vantagens de quem compra.

A multicanalidade: Um importante "aditivo" nesse processo de evolução foi o surgimento da multicanalidade, que evoluiu para o conceito do *Omnichannel*. Mas é importante saber diferenciar empresas ou negócios que atuam em multicanalidade das operações que são *Omnichannel*. A multicanalidade foi o processo que, na virada do século, permitiu (ou, talvez, obrigou) que as empresas passassem a atuar em mais de um canal de venda, como as que disponibilizaram seus produtos simultaneamente em lojas físicas, em lojas virtuais (e-commerce), e na venda direta exercida pelos revendedores autônomos. A Natura, a Cacau Show e O Boticário são bons exemplos desse processo.

O *Omnichannel*: Podemos dizer que uma operação evoluiu da multicanalidade para tornar-se *omnichannel* de fato, quando a empresa consegue oferecer uma experiência de compra que reflete a integração plena e estável dos processos de gestão de seus diferentes canais, e de forma transparente para o comprador.

Uma empresa verdadeiramente *omnichannel* otimizou sua logística e a gestão de CRM do público que compra em seus diferentes canais, agregando excelência no atendimento do cliente, ao tratá-lo de forma unívoca ou seja, como exemplo, quando um cliente que iniciou sua relação de compra no e-commerce é reconhecido em sua interação na loja física ou quando compra de um revendedor, conseguindo ter acesso a benefícios e programas de fidelização baseados em suas interações, independente do canal onde ocorreram. E em termos logísticos, o *omnichannel* se reflete em processos avançados e de grande aceitação e potencial de geração de valor, como, por exemplo, as redes de lojas que transformam suas lojas em "*pick up stores*" para retirada ou troca de itens adquiridos online.

Enfim, entendendo como a *multi* ou *omnicanalidade* viabilizou a evolução da Venda Direta, podemos então avaliar como estão sendo incorporadas as ferramentas modernas, para transformar o organismo vivo da Venda Direta em um corpo mais robusto, inteligente e ágil:

Internet: Um recurso que aproxima as pessoas e democratiza o acesso à informação, além de disponibilizar ferramentas gratuitas e "na nuvem", que ampliam o poder de criação do canal, estreita seu contato junto aos clientes, amplia o poder de gestão e de relacionamento da Força de Vendas com o canal e a empresa, jamais canibalizaria o processo que é a Venda Direta. Na verdade, a internet fortaleceu a Venda Direta, permitindo que continuasse a existir mantendo sua essência.

No início da Transformação Digital, quando as empresas no máximo colocavam no ar seus sites estáticos e institucionais, revendedores pioneiros e arrojados já se aventuravam em criar blogs e websites para divulgar sua atividade e as marcas que representavam, e também recebiam pedidos por email dos clientes com os quais haviam deixado catálogos, ainda físicos.

Em cerca de duas décadas, a melhoria da infraestrutura, a evolução nas linguagens de programação, a normatização do uso de dados cadastrais, o rastreio dos hábitos online e a ampliação do acesso à internet foram fatores que permitiram o desenvolvimento de recursos que foram assimilados pela Venda Direta, e transformaram os processos de trabalho e relacionamento.

Smartphones: Sua massiva adoção pelo brasileiro puxou todas as novas possibilidades de interação, relacionamento e venda online, potencializando a assimilação de todas as demais ferramentas a seguir.

e-Commerce: Considerado o maior risco para o processo da Venda Direta, por estreitar digitalmente o acesso do consumidor final aos produtos das empresas. Como o cliente final passou a ser amparado pelos meios de pagamento digital e a contar com a flexibilidade e agilidade nas opções de entrega, o e-commerce pairou como uma ameaça ao segmento por muito tempo, tornando-se um desafio para a decisão das empresas do setor em adotá-lo ou não... e se adotá-lo, como fazê-lo sem competir, atrapalhar ou enfraquecer o canal de empreendedores autônomos? Aqui cabe ressaltar a abordagem feita no Capítulo 7 (referente aos sistemas e plataformas de Venda Direta). Lá, reforçamos a importância de diferenciar o e-commerce como um ambiente voltado ao cliente final, do ambiente de pedidos online utilizado pelo canal revendedor. São ambientes diferentes, até porque as plataformas de e-commerce não conseguem gerenciar o fluxo de compras e regras do canal e da Força de Vendas de Venda Direta como é necessário às empresas.

O entendimento do potencial da *multicanalidade* ajudou nessa transição, de forma que as empresas incorporaram regras de diferenciação comercial para compras feitas pelos clientes no e-commerce, levando em conta os custos de operação e logística de cada canal na precificação final dos produtos.

Um recurso que foi muito bem aceito na Venda Direta - e ajudou na assimilação do e-commerce nessa *multicanalidade*, incorporando o canal de Venda Direta como um "mediador" ou intermediário no pro- cesso de e-commerce, foi o "e-commerce comissionado" (ou "venda direta por intermediação"). Esse processo foi introduzido por algumas plataformas de gestão de venda direta, viabilizando a disponibilização de uma "loja virtual" para os empreendedores autônomos cadastrados na empresa, vinculada ao site principal da empresa (ex.: www.empresa.com.br/lojadomarcelo).

Esse recurso permite que os empreendedores divulguem suas "lojas virtuais" e até mesmo produtos ou promoções específicos, diretamente para seus clientes, pelo envio de links com o endereço virtual da loja, do produto ou da promoção. Quando o cliente clica no link da loja virtual do empreendedor, e consuma o pedido, na verdade ele acesso o e-commerce da empresa, e faz o *checkout* do carrinho de compra para ser atendido pela logística e faturamento da empresa. O empreendedor, por sua vez, recebe uma comissão em dinheiro (percentual em relação ao valor do pedido consumado pelo cliente) decorrente desta compra efetivada pelo cliente trazido por esse empreendedor. É uma forma da empresa continuar a valorizar a influência desse empreendedor como canal junto aos clientes, reforçando esta relação consultiva, acelerando o acesso do cliente ao produto, já que o cliente não depende do ciclo logístico envolvido no processo tradicional no qual o empreendedor faz seu pedido (que depende de ter atingido o valor de Pedido Mínimo estabelecido pela empresa), espera a entrega de seu pedido, fraciona esse pedido conforme os pedidos individuais de seus clientes, e se organiza para poder entregar cada pedido a cada cliente, dentro de sua disponibilidade.

Como a empresa assume o processo de faturamento e logística nessa estratégia de "e-commerce comissionado", o ponto-chave desta estratégia está em pagar ao empreendedor um percentual de comissão menor do que o percentual regular de desconto de lucratividade que o empreendedor tem quando compra diretamente da empresa para revender, compondo seu estoque de pronta-entrega. Até porque é a empresa que está arcando com os custos de processamento deste pedido da venda por intermediação, em seu processo interno de faturamento, separação e despacho.

Um ponto importante, sempre que se aborda o pagamento de comissão a autônomos: assim como nos modelos multinível, ao adotar esta forma de comercialização que pressupõe o pagamento de comissão pelas vendas efetivadas no link de sua "loja virtual", a empresa precisa receber do empreendedor a respectiva Nota Fiscal pela sua prestação de serviços. Para isso, ele deve, no mínimo, cadastrar-se como MEI (Micro Empreendedor Individual), como citado no Capítulo 6, dedicado à remuneração da Venda

Direta. Tal estratégia também pode adaptar-se para a alternativa de converter a "comissão" em créditos que podem ser aplicados na forma de desconto pelo empreendedor em seus pedidos pessoais junto à empresa.

Aplicativos de mensageria: Entre 2018 e 2020, cresceu muito o uso informal de aplicativos de mensageria, como o WhatsApp (ver quadro de evolução dos recursos utilizados na venda online dos empreendedores no Capítulo 10) ou o Messenger do Facebook, pelos empreendedores autônomos. Como o uso de smartphones e a adesão a esses aplicativos é gigantesca no país, tornou-se inevitável que os revendedores os utilizem para divulgar aos clientes de sua agenda de contatos o que têm para vender. Alguns até fotografam os produtos ou "baixam" imagens do site das empresas, e divulgam essas imagens para "promover" uma venda de forma mais rudimentar junto aos clientes - mas venda é venda, para quem consegue seus ganhos vendendo, não importa se a venda é rudimentar ou sofisticada, importa se conseguiu vender...

A disponibilização de versões PDF do catálogo ajuda a aprimorar tais processos mais rudimentares, pois esses arquivos podem ser distribuídos via aplicativos ou anexados a emails, ou mesmo ter seus links para download disseminados pelo canal para seus clientes.

De olho nesse processo de "geração espontânea" adaptado pelo canal para explorar esses aplicativos a favor de suas vendas, surgiram no Brasil algumas soluções que expandem o conceito da Loja Virtual ou do "e-commerce comissionado", integrando a base de venda online das empresas a aplicativos "*private label*" (com a marca da empresa), pelos quais os empreendedores autônomos conseguem gerar e disparar via WhatsApp, email, Skype, Direct ou Messenger seus links de produtos da empresa, para seu mailing ou Grupos de Transmissão, e até de links de "catálogos personalizados" para o perfil de cada cliente (composto apenas de produtos da empresa), permitindo que a compra do cliente que clica no link recebido seja consumada em um ambiente no qual já estão disponíveis opções estruturadas e seguras de meios de pagamento online.

Como vantagem adicional, essas soluções já permitem, neste processo, o "*split*" do pagamento feito pelo cliente, destinando para a empresa o percentual que cabe a ela, e para o empreendedor autônomo o seu percentual, eliminando a fase de apuração e pagamento de comissão feitos pela empresa posteriormente, nos fluxos convencionais de "e-commerce comissionado" ou venda direta por intermediação. Dependendo de como a empresa implantar na sua estratégia de venda direta por intermediação o processo de "*split*" dos percentuais de pagamento, pode também haver vantagens relativas aos impostos incidentes no comissionamento dos empreendedores. Recomendamos consultar uma assessoria jurídica tributária que esteja atualizada em relação a esse novo processo, para identificar a implantação que favoreça a empresa.

Esse é o tipo de solução que não apenas empoderou e ampliou a atuação do canal de Venda Direta, como também estimula a migração de mais pessoas para o canal de Venda Direta.

Durante a pandemia do COVID-19, muitas lojas de varejo encontraram nesta ferramenta a solução para reverter a queda nos negócios decorrente da quarentena e fechamento dos pontos físicos, "transformando" seus vendedores das lojas em "consultores" de venda direta, que puderam trabalhar suas vendas junto à sua rede de con- tatos de clientes.

Redes Sociais: As redes sociais refletem no ambiente virtual uma realidade que desde sempre fez parte do processo da Venda Direta. Construir uma rede de relações, um networking, e utilizá-lo como base para divulgar produtos que você vende, valendo-se de sua credibilidade junto a esse *network* sempre foi o princípio de toda atividade de venda direta. As Redes Sociais possibilitaram transpor esse processo para o mundo virtual, amplificando-o ao permitir que um empreendedor autônomo atraia pessoas em uma extensão sem fronteiras, indo muito além de seu círculo de amizades e parentesco, exponenciando o conceito de "*member get the member*", atraindo pessoas pelo conteúdo e afinidades expostas em seu Instagram, Facebook ou Pinterest. Todas essas plataformas hoje incorporaram recursos de venda online e de impulsionamento das postagens, para otimizar de forma estruturada e profissional o processo comercial.

Assim, as empresas não só vêm utilizando a sua presença institucional nessas redes para alavancar a visibilidade das oportunidades para atrair canal e valorizá-lo perante os clientes, e divulgar suas novidades para fortalecer a marca e seus produtos. As Redes Sociais também maximizam a divulgação de conteúdo criado pela área de Marketing do canal voltado ao reconhecimento de conquistas do canal e das redes multinível.

Além de manter a presença institucional da empresa, torna-se cada dia mais importante para a área de Marketing do canal disponibilizar nos Escritórios Virtuais do canal e da Força de Vendas materiais estruturados, para que membros da FV e os empreendedores autônomos baixem e utilizem esses materiais oficiais, para publicação na forma de "*posts*" e "*stories*" nas redes sociais desse público, evitando comunicação defasada em relação ao branding da empresa, mas aproveitando o poder de disseminação dessas redes a seu favor.

Marketing Digital: Com todo o cuidado com a Segurança da Informação, atentando para a conformidade à **LGPD** (Lei Geral de Proteção de Dados) , já citada no Capítulo 7, a área de Marketing do Canal das empresas de Venda Direta precisa explorar melhor os conceitos de automação de marketing, *Outbound* e funil CRM, que são objeto de atenção da área de Marketing corporativo, tradicional, ou estão a cargo de agências especializadas - mas especializadas em marketing, e no *copywriting* para clientes finais, mas que não entendem ainda o Canal que atua na Venda Direta e suas peculiaridades.

A aplicação em empresas de Venda Direta do processo do Marketing Digital, que utiliza plataformas especializadas e com recursos sofisticados de gestão da jornada do cliente, como a RD Station e o Hubspot, depende de integração desses sistemas às plataformas de gestão da Venda Direta, o que não é comum ainda nessas plataformas. Por isso, existe uma oportunidade de explorar o Marketing Digital, que pode alavancar a inteligência na captação de canal e ajudar as empresas a trabalhar com mais eficiência a segmentação do canal em sua jornada de compra, assim como na possibilidade de conversão de "*brand lovers*" ou de consumidores em canal efetivo e consciente de sua condição como canal "convertido" (o que é diferente de tratar consumidores como canal, de forma disfarçada, como alguns modelos de afiliação fazem na prática o que torna muito lenta a evolução de vendas). Neste artigo (link: https://bit.ly/artigo_brandlovers) no site do jornal Meio & Mensagem você pode ler um artigo interessante sobre o conceito de "brand lover".

Ainda neste escopo do Marketing Digital, cabe mencionar processos como o SEO e demais recursos focados na eficiência da presença digital da empresa na internet, gerenciando as ferramentas de análise e posicionamento de busca do Google para o público consumidor, que também precisam considerar o mundo à parte relacionado ao público "canal".

Ensino à Distância: O conceito do Ensino à Distância e as plataformas especializadas em EAD (ou LMS - *Learning Management System*) não atingiu ainda todo seu potencial, e reside aqui uma enorme oportunidade para viabilizar um processo importante para a Venda Direta, que é a capacitação do canal. No cenário pós-pandemia, os recursos de ensino à distância ganham ainda mais relevância, o que pode até baratear sua adoção, e viabilizam os projetos de VD que dependem da criação de bons multiplicadores de informação, e o controle inteligente e prático da geração, publicação e tabulação do conteúdo instrucional - como nas operações que adotam a forma de comercialização "Consultoria ".

Para as operações multinível, tornou-se indispensável o uso de recursos online, não só para educação e disseminação de informação para redes sem limites de fronteira, mas também na forma de *webinars*, "*lives*", video-conferências, "*quizzes*"- que diminuem distâncias e permitem a replicação dos apelos motivacionais dos líderes, diante das restrições às aglomerações e orçamentos mais restritos para viagens e aluguel de espaços para eventos, sem abrir mão desses importantes processos de motivação e reconhecimento.

E já há plataformas que incorporam recursos que viabilizam as formas de comercialização baseadas nas "reuniões de demonstração", permitindo que essas operações renasçam utilizando o melhor que a tecnologia da internet coloca à disposição desses modelos.

Marketplaces: Diferentemente das lojas virtuais ou de sites de e-commerce, cuja complexidade para adoção torna-os distantes da realidade da grande maioria dos empreendedores autônomos (registrar domínio, configurar a o site, configurar as regras de pagamento online, obedecer os *guidelines* de publicação de imagens e descrições, pagamento mensal da hospedagem, gestão das exigências relativas SEO etc), os "*marketplaces*" têm atraído a cada dia mais revendedores autônomos para suas bases. Os *marketplaces* oferecem a "vitrine" que alguns desses empreendedores autônomos precisam para ingressar no mundo das vendas online, com mais facilidade no processo de publicação das imagens, textos e preço do que vendem, e na gestão do recebimento, já que todos os *marketplaces* já dispõem das integrações prontas com meios de pagamento online, bastando que o empreendedor autônomo cadastre-se na plataforma adotada pelo *marketplace* e concorde com o percentual retido por esses meios pelas transações efetivadas (ou seja, em geral o empreendedor não paga hospedagem e outros custos recorrentes para participar de *marketplaces* - somente um percentual quando um pedido de cliente é consumado).

Porém, caso a empresa de Venda Direta considere que essa venda feita por seu canal nos *marketplaces* representa algum risco em relação a seus *guidelines* conceituais e estratégicos de Marca e *market share*, por considerar que tal processo coloca seus produtos na "mesma vitrine" em que estão seus concorrentes, é importante entender que dificilmente conseguirá evitar que o revendedor autônomo o faça (pois não se pode exigir exclusividade desse canal, nem restringir seu trabalho autônomo). Esses ambientes são muito atraentes para o empreendedor autônomo poder revender seus produtos online, pois são ambientes virtuais que simulam a realidade do mercado da venda direta, na qual ele também é cadastrado em mais de uma empresa e revende diversas marcas para seus clientes, conforme sua conveniência.

Provavelmente, cada vez mais o canal adotará a venda em *marketplaces*, não apenas pelas facilidades citadas e pela "vitrine" promovida para seus produtos, mas também porque lá pode-se vender de tudo, sem vínculo a marcas ou produtos específicos - sabe-se que na Venda Direta existe um alto grau de "sobreposição", ou seja: como não se pode exigir exclusividade, e levando-se em conta um preceito "pétreo" da Venda Direta, pelo qual sabe-se que um revendedor de venda direta em média é cadastrado em pelo menos três empresas do segmento e que concentra sua venda em 2 a 3 categorias distintas, devemos entender que é natural que esse canal busque liberdade de escolha nas estratégias e recursos que adotará em sua venda. Isso é necessário para reduzir o risco de não conseguir vender nada para seus clientes, o que acontece quando se concentra "todos os ovos em uma só cesta". Além disso, (ou por isso mesmo) os revendedores optam por vender usando os *marketplaces*: podem divulgar outros produtos e serviços além da Venda Direta (salgados, bolos, reformas em roupas, artesanato, colecionismo etc.).

É por esse novo cenário que a Venda Direta deixou de ser chamada de "venda porta-a-porta", e tem sido reconhecida como a "venda clique-a-clique". Até porque o conceito de casa e de escritório fundiu-se definitivamente a partir de 2020, e tanto o canal como o consumidor trafegam agora entre esses dois ambientes, trabalhando e consumindo cada vez mais em home-office, em um ambiente onde as fronteiras entre vida pessoal e trabalho sobrepõem-se, como já previam William Bridges em seu livro "Um mundo sem empregos ("Job Shift")" e o sociólogo italiano Domenico de Masi em seu livro "O ócio criativo".

Como podemos diagnosticar analisando a anatomia desse organismo fascinante da Venda Direta, ele continua saudável, ativo e, a cada ano, mais vivo e atual, e pode fazer muito pelo sucesso do seu negócio, agregando seu poder de atendimento diferenciado, versatilidade, capilaridade, fidelização de clientes e engajamento social de um exército de empreendedores comprometidos e motivados em divulgar o propósito da sua marca e comercializar os seus produtos.

É só tratar cada órgão desse organismo com o devido respeito ao seu funcionamento integrado.
Saúde!

A anatomia de uma operação de Venda Direta

Mais do que nunca, tendo o mundo recentemente sido tomado por uma pandemia, que infelizmente afetou e impactou definitivamente não apenas a saúde pública global, mas a economia e nosso estilo de vida, considero oportuna e estimulante essa forma lúdica e prática de entender os cuidados que devem ser adotados para efetivamente manter um negócio de Vendas Diretas saudável e funcional, como fazemos (ou deveríamos fazer) com nosso organismo. Exercícios, boa alimentação e cuidados básicos cabem tão bem nessa analogia como cabem em nossos cuidados pessoais...

Então..

Saúde !

malves.biz

CONTATO@MALVES.BIZ

ANATOMIA DE UMA OPERAÇÃO DE VENDA DIRETA

ANATOMIA DE UMA OPERAÇÃO DE VENDA DIRETA

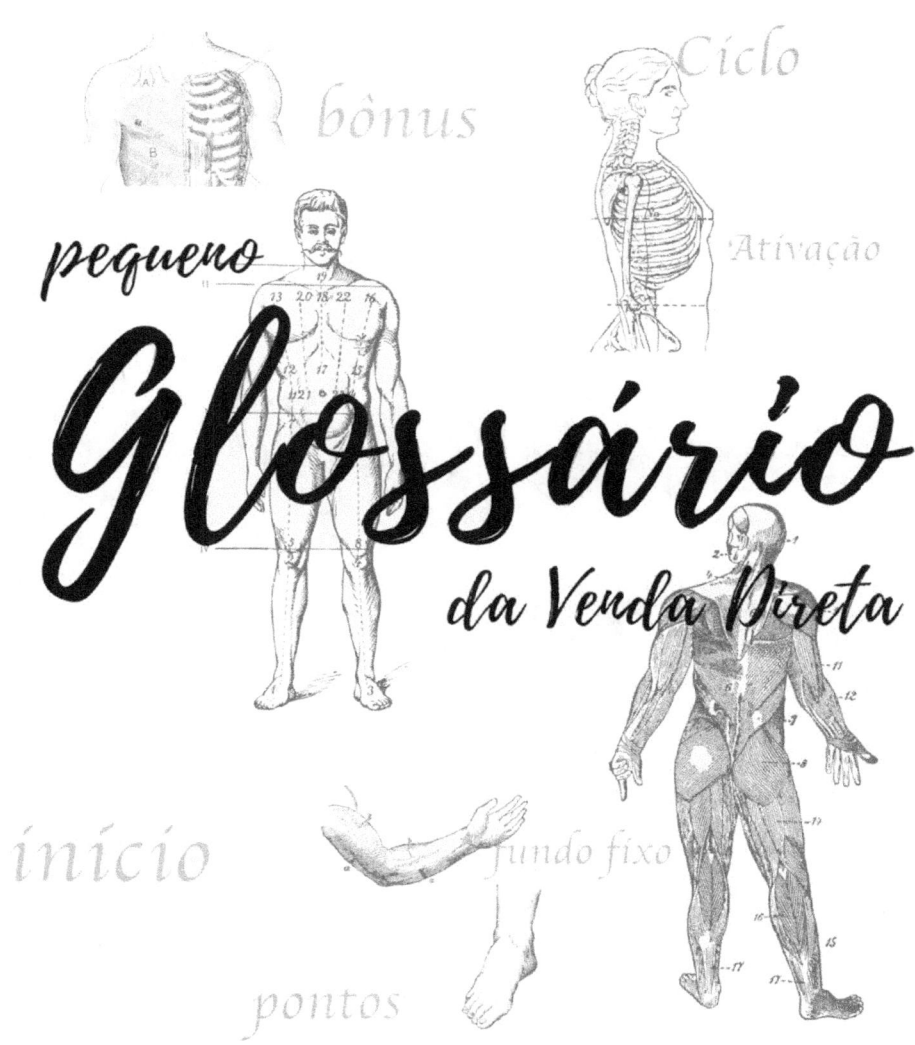

pequeno **Glossário** da Venda Direta

ANATOMIA DE UMA OPERAÇÃO DE VENDA DIRETA

GLOSSÁRIO DA VENDA DIRETA

Ativação
No modelo multinível, o conceito de "Ativação " é utilizado para considerar "ativo" um empreendedor autônomo, membro da rede, que comprou um kit específico ("kit de ativação", que pode ter composições diferentes) a cada novo mês, ciclo ou campanha. Somente membros "ativos" podem receber seus bônus e comissões. Já nos modelos mono/binível, adota-se o KPI "Ativo" e "Atividade", considerando a colocação de pedido no mês, ciclo ou campanha, independente de produtos ou kits específicos, desde que o pedido colocado atinja o valor do Pedido Mínimo estipulado nas regras comerciais.

Bônus
Remuneração paga pelas empresas de venda direta a um Líder, geralmente de forma pontual, não recorrente, pela "conquista" ou atingimento de uma determinada regra específica.

Campanha
Pode ser a mesma coisa que um "Ciclo", mas também pode referir-se a ações promocionais pontuais e específicas, criando premiações de médio e longo prazo para atingir objetivos da empresa como alavancar a captação de novos membros, aumento de ticket médio, incremento das vendas de determinados produtos, garantir vagas em eventos de reconhecimento, lançar kits e promoções em datas específicas - como Natal, Mães e Namorados. Nas empresas do modelo Multinivel, há as Campanhas de longo prazo voltadas a reconhecer os Líderes que conquistam as graduações mais altas do Plano de Qualificação, em viagens e cruzeiros de alto padrão.

Capacitação
Processo de treinamento estruturado do Canal, dos Líderes e da Força de Vendas, por meio de conteúdo e materiais desenvolvidos e disponibilizados pela empresa, sobre a história da empresa, suas crenças, valores e propósito da marca, os produtos, seus princípios ativos,

benefícios e diferenciais de uso, o modelo de negócios e as regras comerciais.

Captação
Processo de atrair e cadastrar novos revendedores autônomos para o canal da empresa de Venda Direta.

Catálogo
Principal material de apoio utilizado para divulgar o portfólio de pro- dutos da empresa de Venda Direta. Classicamente, e por questões de hábito, é um material impresso e largamente distribuído para o canal, que o utiliza para mostrar os produtos aos clientes e assim conseguir seus pedidos. Porém, esse paradigma vem sendo quebrado pela nova realidade tecnológica, e a cada dia o "catálogo virtual" consolida-se no uso do canal junto aos clientes, distribuindo versões em PDF ou links para acesso à versão virtual online nos sites das empresas. A própria navegação de e-commerce já caracteriza uma forma mais atual e diferenciada de "catálogo virtual"- ainda que só faça sentido para quem está online.

Ciclo
Período dentro do qual fica vigente o composto promocional da empresa, conforme divulgado para o canal e em seu catálogo para os clientes finais. A remuneração da Força de Vendas é apurada para pagamento conforme esse período. Pode ter a duração de um mês ou menos, aumentando o número de oportunidades de mobilizar o canal durante o ano.

Comissão
Remuneração paga de forma recorrente a um Líder, geralmente baseada no cálculo percentual sobre a produtividade da equipe de revendedores autônomos. Normalmente é apurada no fechamento de um mês, ciclo ou campanha, e paga mediante a contrapartida de entrega da respectiva Nota Fiscal de prestação de serviços por parte do Líder recebedor.

Composto promocional
Conjunto de ações mercadológicas criadas e divulgadas todo mês, campanha ou ciclo pela área de Marketing do Canal (em conjunto com a

área de Produtos e a Direção comercial), direcionadas a ativar e movimentar o canal de Venda Direta. Tem como diretrizes os Indicadores de produtividade e de mix de produtos que devam ser alavancados, bem como as sazonalidades (Dia das Mães, Natal) que podem ser utilizadas como apelo do catálogo.

Consultor
Membro do canal autônomo, que compra os produtos diretamente da empresa para revendê-los com lucro ao cliente final, ou que recebe uma comissão pela compra do cliente final em uma loja virtual divulgada como sua, em um link de internet. Também chamado de revendedor(a) ou empreendedor(a).

Convenção
Evento institucional de forte apelo motivacional e de reconhecimento, geralmente realizado anualmente pelas empresas do modelo mono/ binível para reunir os membros da Força de Vendas e premiá-los pelo atingimento das metas mais desafiadoras de resultados, bem como reconhecer seus marcos de carreira e tempo de casa. São realizadas em hotéis e resorts de alto padrão, sinalizando a importância das conquistas e seletividade do público presente. Dura em média de 3 a 4 dias.

Demonstrador
Estojos com amostras de maquiagem e flaconetes de perfumaria, destinados ao uso exclusivo do canal, normalmente proibidos para venda ao consumidor.

Desconto de lucratividade
Desconto geral aplicado pela empresa a todos os produtos, em relação ao preço final praticado para os clientes finais. É o percentual que gera o lucro do revendedor (exemplo: se a empresa vende por R$70,00 para seu canal um produto que é vendido por R$100,00 para o cliente, o desconto de lucratividade é de 30% - e o lucro do revendedor ao vendê-lo por R$100,00 será de 42,8%).

Distribuidor

Geralmente é uma Pessoa Jurídica, que compra os produtos da empresa, em quantidades condizentes com essa estrutura de negócios (o pedido mínimo de um modelo B2B, baseado na distribuição ou franquia PJ, é bem maior que o pedido mínimo praticado para revendedores mono/bi/multinivel). E praticamente uma operação de "atacado"- essas PJs são responsáveis pelas equipes de revendedores autônomos, pois estes compram dos distribuidores para revender a seus clientes.

E-commerce comissionado
Processo de comercialização da venda Direta no qual o revendedor autônomo divulga um link de sua "loja virtual" para os seus clientes, link este que na verdade leva para o e-commerce da empresa (ou seja, nesse processo de e-commerce comissionado a "loja virtual" do revendedor não apresenta produtos da pronta-entrega e estoque do revendedor). Os pedidos consumados pelos clientes do revendedor nesse processo geram o comissionamento pago pela empresa ao revendedor por estes pedidos, feitos pelos clientes "trazidos" ou mobilizados pelo revendedor. Também chamada de "*Venda Direta por intermediação*".

Escritório Virtual (ou "EV")
Ambiente que faz parte das principais Plataformas de Gestão de Venda Direta, voltado à administração do negócio pelos membros da Força de Vendas e pelo Canal. Permite que a empresa cadastre banners de divulgação referentes a assuntos internos restritos à operação, publique material de apoio digital para download, disponibiliza painéis com gráficos para líderes e FV acompanharem diariamente, em tempo real, a evolução das vendas e equipes; também disponibiliza links de indicação para novos revendedores e links da "loja virtual" do revendedor. O EV incorpora ainda o carrinho de compras online destinado aos pedidos do canal autônomo, respeitando as regras e promoções exclusivas desse público.

Estratégia de Natal
Historicamente é o período de maior impacto nas vendas das empresas de Venda Direta - quando as empresas divulgam seus "kits" ou "estojos" de Natal, preparando a estratégia de compra de presentes dos clientes do canal para o fim de ano. As empresas criam condições limitadas, combos e

brindes também com edição limitada, voltados aos presentes de Natal. Mais recentemente, devido à evolução do papel do e-commerce na cultura de consumo, a "Black Friday" tem, aos poucos, antecipado e absorvido um pouco da relevância da participação dessa estratégia no calendário promocional da Venda Direta.

Forma de Comercialização
Processo que, independente do Modelo, define como o canal autônomo da empresa realizará a venda direta para seus clientes finais: baseado na distribuição maciça de catálogos que apresentam seus produtos adotando uma política de preços agressiva; baseado na influência e venda consultiva de revendedores capacitados para realizar essa venda consultiva de produtos maior valor agregado/percebido; baseado em reuniões (presenciais e/ou remotas) de demonstração prática dos diferenciais e qualidade dos produtos; baseado no marketing de rede e sua estrutura agressiva de papéis de qualificação e plano de compensação baseado em bônus e comissões.

Fundo fixo
Muitas empresas que atuam no modelo mono/binível, e que, portanto, utilizam equipes CLT de Força de Vendas, precisam disponibilizar uma "ajuda de custo" para as despesas de campo de sua Força de Vendas (locação de espaços para reuniões, custos com coffe-break, papelaria, aluguel de equipamentos, estaciona mento, gasolina e até gastos de telefonia). Caso a empresa não estabeleça um processo estruturado de reembolso de tais despesas a ser gerenciado pelo administrativo, parte desses custos da FV podem ser cobertos por essa ajuda de custos antecipada para sua FV pela empresa, a cada mês, ciclo ou campanha. O cenário de adoção dos processos remotos de gestão online e de contato virtual entre FV e suas equipes tende a reduzir o uso e custos com tais processos.

Início
Empreendedor cadastrado e com 1o pedido.

Kit-Início

Conjunto de produtos criado para apoiar o início do revendedor na atividade. Sua venda pode ser opcional ou obrigatória, e em geral essa aquisição deve ser feita no 1º pedido. Geralmente é composto por demonstradores ou itens de demonstração combinados com produtos para uso e revenda com valor subsidiado, de forma a reforçar o conceito de "investir na atividade" e prover as ferramentas mínimas para início da atividade de revenda, de maneira que o empreendedor autônomo assuma seu interesse em ser canal, e a empresa não confunda empreendedor ou canal efetivo os "*heavy users*", "clientes preferenciais" ou consumidores que se cadastram para meramente comprar com o desconto do revendedor. Tais públicos demandam regras e tratativas de relacionamento diferentes dos que a empresa precisa manter com seu canal efetivo.

Líder
Nos modelos binível, é o revendedor autônomo responsável por uma equipe de revendedores autônomos, conforme regras de cobertura geográfica ou de atribuição por indicação. É comissionado pelos resultados dessa equipe, desde que atinjam valores estipulados pela empresa. Pode ter chegado a esse papel pelo cumprimento de regras de qualificação estabelecidas pela empresa, ou por indicação/nomeação direta do membro da Força de Vendas responsável, que o prospectou no mercado ou no canal da empresa. Nos modelos multinível, é o empreendedor autônomo quem constrói e desenvolve uma rede de "*downlines*", seja por patrocínio direto ou recebendo indiretamente patrocinados por seus "*downlines*", e passa a ser comissionado pela produtividade dessa rede.

Lucro
Apesar muitas vezes ser confundido pelo canal com o percentual de desconto, "Lucro" é a conta que se faz calculando o percentual obtido da divisão do valor líquido recebido pelo revendedor na revenda de um produto ao seu cliente, pelo valor pago por esse produto pelo revendedor ao comprá-lo da empresa. Por exemplo: um revendedor paga R$70,00 por um produto ao compra-lo da empresa, e o revende por R$100,00 ao seu cliente. Esse revendedor ficou com R$30,00 líquidos. Dividindo esses R$30,00 pelos R$70,00 que pagou por este produto, ele chega ao percentual de lucro: 42,8%.

Material de Apoio
Materiais desenvolvidos pela área de Marketing do Canal para serem utilizados pelo canal em sua atuação de campo: Catálogo, folhetos, folhetos de pedido, bolsas, demonstradores. Geralmente são vendidos por seu preço de custo e não são computados na apuração de faturamento e vendas que originam cálculos de realizado x meta, nem bônus ou comissionamento. Com o avanço da digitalização da atividade do canal de Venda Direta, a maioria dos Materiais de Apoio tende a tornar-se "virtual" – o que também tende a "pesar" menos na cadeia de valor das empresas, pois a distribuição de tais ferramentas de divulgação passa a ser digital, com poucos itens físicos a serem impressos e enviados por meios presenciais.

Meio de pagamento Pós-pago
São os meios de pagamento nos quais o revendedor tem um prazo para pagar posterior ao faturamento e entrega de seu pedido, como os boletos a vencer 10, 20 ou 30 dias. São meios que demandam que a empresa gerencie uma política de crédito do revendedor, para administrar o risco de inadimplência, que é alto para empresas que adotam esse meio de pagamento, que, por outro lado, é muito popular e aceito entre o canal de Venda Direta.

Meio de pagamento Pré-pago
Meios de pagamento online que não demandam atribuição de crédito prévio para que o revendedor possa pagar seu pedido online, como o cartão de crédito, débito e o boleto à vista. São os meios que não agregam risco de inadimplência à operação. No caso dos cartões de crédito, recomenda-se que a empresa estabeleça um contrato com empresas que agreguem o processo de anti-fraude no fluxo de pagamento online, para evitar problemas de "*charge back*" relacionados a compras com cartões clonados ou roubados, e mesmo cadastro de CPF falso. O advento do PIX no sistema bancário brasileiro é mais um exemplo desse meio de pagamento, que por sua praticidade e confiabilidade deve ganhar bastante espaço no segmento, ampliando as oportunidades entre canal e consumidor.

ANATOMIA DE UMA OPERAÇÃO DE VENDA DIRETA

Modelo
Característica de composição do canal da Venda Direta adotada pela empresa, de acordo com a quantidade de níveis de canal autônomo existente entre a empresa e os clientes finais.

Modelo Binível
Modelo de Venda Direta que tem dois níveis de canal autônomo, sem vínculo empregatício, entre a empresa e seus consumidores. Geralmente o segundo nível é composto por "líderes", que faziam parte do canal de revendedores e se qualificaram para tornar-se líderes de equipe e receber uma comissão baseada nos resultados dessas equipes sob sua liderança. Assim como no modelo mononivel, empresas que atuam nesse modelo precisam ter uma estrutura de Força de Vendas para gerenciar o canal e garantir os resultados.

Modelo Mononivel
Modelo de Venda direta que tem apenas 1 nível de canal autônomo, sem vínculo empregatício, entre a empresa e seus consumidores. Sendo assim, empresas que atuam nesse modelo precisam ter uma estrutura de Força de Vendas para gerenciar o canal e garantir os resultados.

Modelo Multinivel
Modelo de Venda Direta estruturado sobre o Marketing de Rede, onde existem vários níveis ("profundidade") de canal autônomo sem vínculo empregatício entre a empresa e seus consumidores. Este modelo é mais voltado a pessoal com perfil empreendedor e auto-gerenciável e atrai pessoal autônomo com perfil de liderança mais rigoroso, pois são os responsáveis por atrair, captar, desenvolver e motivar sua equipe, trabalho baseado nas regras multinível de qualificação e bonificação estabelecidas pela empresa. Os ganhos são baseados em comissões percentuais sobre as compras dos membros das equipes ("*downlines*") e bonificações relacionadas à evolução da equipe.

Papel
Nos modelos multinível, "papel" pode referir-se ao nível de graduação do plano de qualificações (papel "bronze", "prata", "ouro", "diamante", "triplo

diamante"...)

Pedido Mínimo
Valor do pedido do canal em suas compras junto à empresa, abaixo do qual não se consegue finalizar o pedido. Seja em moeda ou em pontos, geralmente o valor do pedido mínimo é calculado pela empresa ao analisar sua cadeia de valor e identificar os custos mínimos com o processamento dos pedidos do canal, contemplando logística, atendimento, faturamento, marketing (catálogos, internet) e staff.

Pontuação
Nos modelos multinível, é usual a conversão do valor em dinheiro dos produtos em pontos (ex.: um shampoo de R$30,00 vale 10 pontos, considerando um indexador R$-ponto de R$3,00). Essa conversão ajuda no processo de pontuação apurada para evolução nos papéis do plano de graduação multinível. Nos modelos mono/ binível, também é muito utilizada essa conversão, para facilitar a definição de critérios como o valor em pontos do Pedido Mínimo, e para que a pontuação também seja utilizada nas campanhas promocionais e de alavancagem criadas pela empresa ao longo do ano. Também podem ser estabelecidas pontuações específicas para campanhas, que não utilizem necessariamente a pontuação oficial de conversão. As plataformas de gestão de Venda Direta conseguem gerenciar ambos os critérios de pontuação.

Promotora de Vendas
Nomenclatura mais tradicional atribuída às gestoras CLT de Força de Vendas, responsáveis diretas pelo canal autônomo em empresas mononivel como Natura e Avon até final dos anos 90. Com a adoção do modelo binível e a transferência de algumas atribuições de captação de canal e apoio de campo no atingimento de resultados quantitativos por parte dos líderes autônomos, esse papel passou a ser denominado como Gerentes de vendas, Supervisoras de área, Gerentes de relacionamento e Gerentes de desenvolvimento de negócios, pois sua atividade passou a ser mais focada no desenvolvimento qualitativo do canal e das lideranças.

Reunião

Evento presencial ou online para apresentação do composto promocional (novidades do mês, ciclo ou campanha) - seja entre os gerentes e seus subordinados de Força de Vendas, ou entre membros da Força de Vendas e suas equipes de Líderes e revendedores autônomos, ou entre o canal e clientes, como nos modelos que utilizam a forma de comercialização baseada em Demonstração.

Volume de Negócios
É o cômputo das vendas totais feitas pela empresa, mas considerando o preço cheio dos produtos, ou seja, a tabela vigente para o consumi- dor final e não o preço efetivamente pago pelo canal ao comprar os produtos da empresa para revendê-los. Por exemplo: Uma empresa que pratica desconto de lucratividade de 30% para seu canal e que faturou R$ 700.000,00 (setecentos mil reais) considerando a compra feita por seus revendedores, divulga um "Volume de Negócios" de R$1.000.000,00 (um milhão de reais).

SOBRE O AUTOR

Marcelo Alves

Marcelo Alves é paulistano, nascido em 1963. Formado em Comunicação Social, com especialização em Radio e TV pela FAAP em 1986, iniciou sua carreira na Venda Direta ao ingressar na Natura Cosméticos em 1991, tendo trabalhado nessa empresa por 10 anos, passando pelas áreas de Planejamento Mercadológico, Gerência de Vendas e Internet. No início dos anos 2000 participou da fundação da DirectBiz Consultants ao lado do experiente consultor Marcelo Pinheiro Gonçalves. Desde então atuou em dezenas de projetos como consultor, agregando conhecimento nas mais diversas áreas relacionadas às operações de Venda Direta, de todos os modelos e formas de comercialização.

Ocupou posições de Gestão e Treinamento de Equipe de Vendas, Desenvolvimento de Negócios Digitais, Marketing e Produtos para Internet, Pré-vendas e implementação de plataformas de TI especializadas na gestão de ven- das diretas, e foi colunista especializado no marketing da Venda Direta para o portal "www.mundodomarketing.com.br". Ministrou palestras para o público de associados da ABEVD - Associação Brasileira das Empresas de Venda Direta - no Seminário "Como Alavancar um negócio de Vendas Direta e aproveitar o crescimento do Mercado", representando a DirectBiz Consultants (SP - Outubro de 2010), com o tema "Evolução do Canal de Vendas através das Redes Sociais" e no Seminário

"Tendências em Novas Tecnologias e Interatividade na Venda Direta" (SP - Abril de 2003), abordando o tema "Novas Tecnologias e Interatividade na Venda Direta - Uma Visão Prática".

CRÉDITOS

Citação de pesquisas divulgadas no site da ABEVD (Associação Brasileira das Empresas de Venda Direta): https://www.abevd.org.br/ (a principal fonte de informação e conhecimento sobre o mercado da Venda Direta, reunindo as principais empresas do segmento como associadas. Conheça o Código de Ética ABEVD (https://www.abevd.org.br/codigo-de-etica/)

Meio e Mensagem – artigo sobre os "brand lovers" : (https://www.meioemensagem.com.br/home/marketing/2018/07/26/brand-lovers-simpatia-para-nao-esfriar-a-paixao.html)

Este livro utilizou ícones Creative Commons "The Noun Project", das seguintes fontes:
Building by un-delivered from the Noun Project
shopping bags by Creative Stall from the Noun Project
target by Vectors Point from the Noun Project
megaphone by David from the Noun Project
support by tezar tantular from the Noun Project
online shopping by Vectors Market from the Noun Project
social media by monkik from the Noun Project
store by AomAm from the Noun Project
catalog by Eucalyp from the Noun Project
search by Vectors Market from the Noun Project
network by Alison from the Noun Project
support by Maxim Kulikov from the Noun Project
magnet by Vectors Market from the Noun Project
chat by Yoteyo from the Noun Project
podium by DinosoftLab from the Noun Project
education by Adrien Coquet from the Noun Project

delivery by pejyt from the Noun Project
e-Commerce by Adrien Coquet from the Noun Project
logistics website by Vectors Point from the Noun Project
e-leam ingby Delwar Hossain from the Noun Project
app by nareeratjaikaew from the Noun Project
ERP by Alia Zaleuska from the Noun Project
Saas by Becris from the Noun Project
e commerce by DinosoftLab from the Noun Project
loss by Ragal Kartidev from the Noun Project
loss by shashank singh from the Noun Project
loss by Vectors Market from the Noun Project

Citação do livro "Vendas Diretas - Conceit os Jurídicos", de José Rubens V. Scharlack e Gabriel Burjaili de Oliveira - Capítulo 2, pgs. 21 e 22 - Trevisan Editora, 2018 (https://www.amazon.com/Vendas-diretas-Conceitos-jur%C3%ADdicos-Portuguese-ebook/dp/B07JYPWB1J)

www.ingramcontent.com/pod-product-compliance
Lightning Source LLC
Chambersburg PA
CBHW070642220526
45466CB00001B/265